AF860627

Erste Schritte mit Python

FÜR DUMMIES JUNIOR

Claudia Ermel und
Olga Runge

WILEY

Stadtbibliothek Aurich
180862

Bibliografische Information der Deutschen Nationalbibliothek

Die Deutsche Nationalbibliothek verzeichnet diese Publikation in der Deutschen Nationalbibliografie; detaillierte bibliografische Daten sind im Internet über http://dnb.d-nb.de abrufbar.

1. Auflage 2017

© 2017 WILEY-VCH Verlag GmbH & Co. KGaA, Weinheim

Wiley, the Wiley logo, Für Dummies, the Dummies Man logo, and related trademarks and trade dress are trademarks or registered trademarks of John Wiley & Sons, Inc. and/or its affiliates, in the United States and other countries. Used by permission.

Wiley, die Bezeichnung »Für Dummies«, das Dummies-Mann-Logo und darauf bezogene Gestaltungen sind Marken oder eingetragene Marken von John Wiley & Sons, Inc., USA, Deutschland und in anderen Ländern.

Das vorliegende Werk wurde sorgfältig erarbeitet. Dennoch übernehmen Autoren und Verlag für die Richtigkeit von Angaben, Hinweisen und Ratschlägen sowie eventuelle Druckfehler keine Haftung.

Coverillustration (Schildkröte): © dasha122007 – Fotolia.com

Korrektur: Geesche Kieckbusch, Hamburg

Satz: SPi Global, Chennai

Druck und Bindung: M.P. Media-Print Informationstechnologie GmbH, 33100 Paderborn

ISBN: 978-3-527-71352-3

10 9 8 7 6 5 4 3 2 1

INHALT

EINFÜHRUNG

HALLO, ZUKÜNFTIGE PYTHON-PROGRAMMIERER!

Herzlich willkommen zu *Erste Schritte mit Python für Dummies Junior* – dem Buch, in dem du genau das findest, was auf dem Einband steht.

Du möchtest programmieren lernen? Du hast kreative Ideen? Na, dann hast du dir das richtige Buch ausgesucht. Wir zeigen dir Schritt für Schritt, dass Kreativität kein Widerspruch zu Programmieren ist, im Gegenteil: Mit deinen Programmen wirst du nie dagewesene Bilder und Muster erschaffen, die man ohne Programmieren gar nicht zeichnen kann. Deine Freunde und Familienmitglieder werden staunen. Und ganz nebenbei wirst du zum Experten in der Programmiersprache Python.

ÜBER SCHLANGEN UND SCHILDKRÖTEN

Was der Name »Python« mit Schlangen zu tun hat, ist klar. Denkst du jedenfalls. Dabei ist alles ganz anders. Warum eine Programmiersprache »Python« heißt, ist das eine Rätsel, das wir in diesem Buch lösen. Das andere Rätsel betrifft die Schildkröten. Was haben die mit Schlangen zu tun? Warum spielen sie in diesem Buch eine Rolle? Hier geht es doch nicht um Reptilien, oder?

ÜBER DIESES BUCH

Worum geht es in diesem Buch?

In der Schule lernst du sicher nicht, wie man Python-Programme schreibt, oder? Wenn doch, dann ist deine Schule ziemlich cool. In *Erste Schritte mit Python für Dummies Junior* helfen wir dir, Bilder mit Python zu programmieren. Erst werden die Bilder ziemlich simpel aussehen, aber je mehr du über Python weißt, umso toller werden die Bilder. Am Ende entstehen Bilder, die kein Mensch mehr von Hand malen könnte. Und da soll noch einer sagen, Programmierer seien keine kreativen Menschen!

Mit diesem Buch wirst du

- alles, was du zum Programmieren mit Python brauchst, auf deinem Computer installieren,
- eine gelehrige Schildkröte kennenlernen, die malen kann,
- deiner Schildkröte Befehle erteilen, bis sie im Dreieck springt,
- lernen, wie faule Programmierer sich das mühsame Wiederholen von Befehlen einfacher machen.

Am Ende wirst du mithilfe deiner Schildkröte in der Lage sein, zum Beispiel folgende Bilder zu erzeugen:

- Rosetten, Mandalas und Spiralen
- Flaggen vieler Länder der Erde
- Dreiecke in Dreiecken in Dreiecken . . .
- blühende Blumen und Bäume
- Schneeflocken unterm Mikroskop

Natürlich sind deiner Fantasie hier keine Grenzen gesetzt. Na, neugierig geworden? Probiere es einfach selber mal aus.

ÜBER DICH

Du interessierst dich dafür, wie man programmiert. Deshalb liest du gerade in diesem Buch, oder? Wir gehen auch davon aus, dass du gerne schöne Bilder ansiehst. Du brauchst nicht gut im Malen zu sein, das übernimmt deine Schildkröte. Was du brauchst, ist ein Computer oder Laptop mit Internetzugang. Wenn du schon öfter am Computer gearbeitet hast und weißt, wie man Dateien speichert, dann reicht das aus. Alles andere erklären wir dir hier im Buch Schritt für Schritt.

ÜBER DIE SYMBOLE, DIE WIR IN DIESEM BUCH VERWENDEN

Die Symbole im Buch sollen dich auf verschiedene Dinge hinweisen:

Wenn du etwas Bestimmtes lieber lassen solltest, taucht dieses Warnsymbol auf.

Neben dem Elefanten-Symbol findest du wichtige Informationen, die du dir unbedingt im Elefantengedächtnis merken solltest.

Dieses Symbol verwenden wir, wenn wir einen hilfreichen Tipp für dich haben, der dir bei einem Python-Programm weiterhelfen kann.

Das Robotersymbol bedeutet, dass das, was du gerade tust, auch für Profiprogrammierer wichtig ist.

Mit dem Taschenrechnersymbol kommt Mathematik ins Spiel. Das passiert beim Programmieren immer mal wieder. Endlich kannst du sehen, wofür man Mathe wirklich braucht.

Hervorgehobene Textteile lenken deine Aufmerksamkeit auf eine Abbildung.

Übrigens bieten wir dir auf der Webseite des Verlags auch zu allen Ideen und Aufgaben Lösungsvorschläge in Form von Python-Programmen an: www.wiley-vch.de/publish/dt/books/ISBN3-527-71352-2. Nutze diese Programme auch zum Herumspielen und Experimentieren.

KAPITEL 1 AUF DIE PLÄTZE …

COMPUTER KÖNNEN ÜBERHAUPT NICHTS VON ALLEINE. ALLES MUSS MAN IHNEN SAGEN. Die Sprachen, in denen wir Computern Anweisungen erteilen, heißen *Programmiersprachen*. Sie unterscheiden sich ziemlich stark von den Sprachen, in denen Menschen miteinander reden. Der erste auffällige Unterschied ist, dass Programmiersprachen nicht gesprochen, sondern geschrieben werden. Und zwar von *Programmierern*. Die schreiben auf, was der Computer in welcher Reihenfolge tun soll. Man nennt eine Reihe solcher Anweisungen ein *Programm* oder eine *App* oder einfach *Code*.

COMPUTER UND PROGRAMMIERSPRACHEN

Computer unterstützen uns beim Schreiben von Texten, beim Bildermalen, beim Komponieren von Musik und beim Suchen und Einkaufen im Internet, sie können 3D-Filme zeigen, Roboter auf dem Mars steuern ... Bestimmt fallen dir noch weitere Dinge ein, die wir mit Computern tun.

Da ist es ganz natürlich, dass mehrere Programmiersprachen praktischer sind als eine einzige für alles. Die wichtigsten Programmiersprachen, die heute verwendet werden, heißen Java, C, C++, C#, Python, PHP und JavaScript. Es gibt aber noch viel, viel mehr! Programmierer streiten sich manchmal, welche Sprache für welche Art von Aufgaben am besten geeignet ist. Für uns ist wichtig: Sooo unterschiedlich sind die Programmiersprachen gar nicht. Auf jeden Fall ist es leichter, eine Programmiersprache zu lernen als eine echte Fremdsprache. Und wenn du erst eine Programmiersprache kennengelernt hast, dann lernst du die nächste gleich noch mal so schnell.

Damit ein Computer die Anweisungen in einem Programm befolgen kann, braucht er ein paar Geräte (man nennt sie die *Hardware*). Also auf jeden Fall einen Bildschirm, der Bilder und Texte anzeigt, und einen Lautsprecher für die Töne. Bildschirm und Lautsprecher nennt man *Ausgabegeräte*.

© ekzarkho – Fotolia.com

Manchmal braucht der Computer auch noch Informationen von uns, die nicht von vornherein im Programm stehen: Welchen Text willst du ausdrucken, welche Zahlen sollen addiert werden, wie groß soll der Kreis sein, den du zeichnen möchtest? Solche Informationen teilen wir dem Computer dann über die Tastatur oder die Maus oder den Touchscreen mit. Das sind dann – logisch – *Eingabegeräte*.

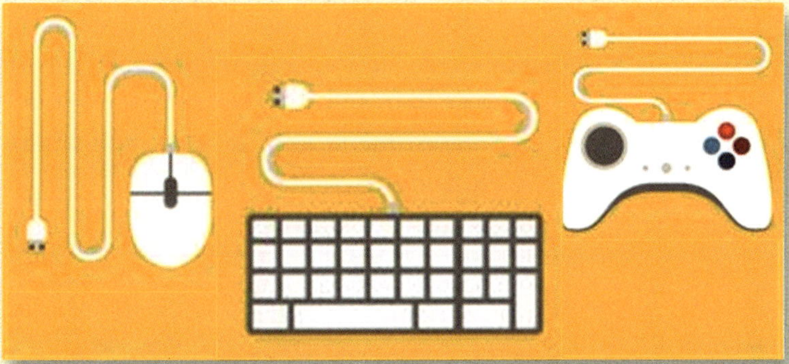

© ekzarkho – Fotolia.com

Damit Programmierer auf der ganzen Welt die Anweisungen in Programmiersprachen verstehen und benutzen können, sind die wichtigsten Anweisungen immer auf Englisch. Möchtest du also den Text »HALLO WELT!« auf dem Bildschirm anzeigen lassen, dann benutzt du in vielen Programmiersprachen das Wort »print« (auf Deutsch *drucke*) und schreibst zum Beispiel:
`print("HALLO WELT!")` in Python,
`printf("HALLO WELT!\n");` in C oder
`System.out.println("HALLO WELT!");` in Java.

Schön, jetzt verstehen also wir Programmierer die Anweisungen und können ein Programm schreiben. Aber der Computer soll unsere Anweisungen ja auch verstehen, und der kann doch kein Englisch, oder?

Um zu begreifen, wie der Computer Anweisungen verarbeitet, schauen wir uns mal an, wie er aufgebaut ist. Von Ein- und

Ausgabegeräten hast du schon gehört, ein wichtiges Stück Hardware fehlt aber noch: die *Zentraleinheit* (auf Englisch *CPU*, für *Central Processing Unit*). Sie ist das Herz des Computers und ist mit den Ein- und Ausgabegeräten über Stromleitungen verbunden. Die CPU ist ein elektronischer Chip und enthält enorm viele kleine Schalter (sogenannte *Transistoren*), die entweder geschlossen sein können (dann fließt Strom) oder offen (dann kann kein Strom fließen). Unser Programm steuert nun, welche von den Schaltern geöffnet und welche geschlossen werden. Dafür reicht der CPU eine lange Liste, die für jeden Schalter festlegt, ob er `offen` oder `geschlossen` sein soll. Ein Programm, wie die CPU es versteht, also in *Maschinensprache*, kannst du dir so vorstellen (die Nummern sind die einzelnen Schalter):

1. `offen`
2. `geschlossen`
3. `offen`
4. `offen`
5. `geschlossen`
6. `offen`
7. `offen`
8. `offen`

Weil das ein bisschen lang wird, hat man sich darauf geeinigt, stattdessen die beiden Zeichen `0` (Null) für »offen« und `1` (Eins) für »geschlossen« zu verwenden und die Nullen und Einsen in Schalterreihenfolge als Kette anzuordnen. Das Programm oben kann also viel kürzer geschrieben werden, nämlich als Kette `0100 1000`. Der Effekt der Kette »0100 1000« ist, dass der Buchstabe »H« auf unserem Bildschirm erscheint. Für den Rest unseres Textes »HALLO WELT!« braucht die CPU noch viele weitere Nullen und Einsen.

VON BITS UND BYTES

Eine Kette aus Nullen und Einsen, also eine Zahl, die nur aus zwei unterschiedlichen Ziffern aufgebaut ist, nennt man *binäre Zahl*, (*bini* ist das lateinische Wort für *je zwei*). Die einzelnen Stellen der Zahl heißen *Bit*. Eine binäre Zahl mit acht Stellen, also aus acht Bits, wird *Byte* genannt.

Jetzt bleibt also nur noch die Frage, wie unser Programm mit seinen englischen Anweisungen in Maschinensprache übersetzt wird, also in Ketten von Nullen und Einsen.

Bei der Übersetzung muss sehr sorgfältig vorgegangen werden, denn eine einzige falsch gesetzte Eins oder Null kann das ganze schöne Programm kaputt machen. Wenn bei einer Aufgabe sorgfältig vorgegangen werden muss und etwas genau nach Vorschrift getan werden soll, bietet es sich an, einen Computer zu verwenden und für die Aufgabe ein Programm zu schreiben. Es gibt daher besondere Übersetzerprogramme (genannt *Compiler* oder *Interpreter*), die das für uns lesbare Programm (den *Quellcode*) in Maschinensprache übersetzen (den *Binärcode*) und das übersetzte Programm dann ausführen. Diese Übersetzerprogramme brauchen wir nicht selber zu schreiben, es gibt sie für jede Programmiersprache. Du wirst im nächsten Abschnitt erfahren, wo du den Interpreter für Python im Internet findest und herunterladen kannst.

COMPILER UND INTERPRETER

Die beiden Übersetzervarianten Compiler und Interpreter unterscheiden sich in der Reihenfolge von Übersetzen und Ausführen. Ein *Compiler* übersetzt erst das gesamte Programm in *Binärcode* und speichert ihn in einer neuen Datei auf dem Computer. Danach, wenn der Compiler fertig übersetzt hat, kann das Programm ausgeführt werden. Ein fertig übersetztes Programm kann immer wieder aufgerufen werden und muss nicht jedes Mal neu übersetzt werden. Die Programmiersprachen C und C++ verwenden Compiler.

Im Gegensatz dazu übersetzt der *Interpreter* einzelne Anweisungen nicht bevor, sondern während das Programm läuft. Er liest also eine Anweisung aus dem Quellcode, zum Beispiel »print("HALLO WELT!")«, übersetzt sie in Binärcode und sorgt dafür, dass diese Anweisung sofort auf dem Computer ausgeführt wird. Danach liest er die nächste Anweisung, zum Beispiel »print("TSCHÜSS WELT!")«, übersetzt sie und führt sie aus. Und so weiter. Der Interpreter erzeugt keine Datei mit Binärcode. Jedes Mal, wenn das Programm laufen soll, muss er wieder loslegen und das Programm neu übersetzen und ausführen. Python ist ein Beispiel für eine Programmiersprache mit Interpreter.

Wenn du also dein Programm ausführst (auf dem Computer laufen lässt), dann startest du in Wirklichkeit erst das Übersetzerprogramm und erzeugst Binärcode aus deinem Quellcode. Mit dem Binärcode werden dann die Schalter geschaltet, und du siehst das Ergebnis auf deinem Ausgabegerät.

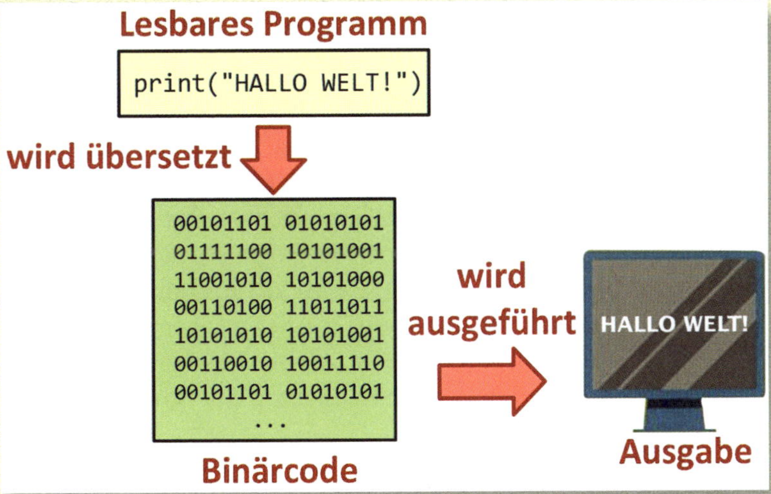

Monitor © ekzarkho – Fotolia.com

PYTHON AUF DEINEM COMPUTER

Damit du nun an deinem Computer mit dem Programmieren in Python loslegen kannst, brauchst du zwei Dinge: einen *Python-Interpreter*, der deinen Code in Binärcode übersetzen und ausführen kann, und einen *Editor*. Das ist ein Programm zum Schreiben von Programmen. Sowohl der Interpreter als auch der Editor können von der Python-Homepage aus dem Internet heruntergeladen werden, und das sogar kostenlos. Das wollen wir jetzt tun.

WARUM HEIßT DIE PROGRAMMIERSPRACHE PYTHON?

Programmiersprachen haben manchmal seltsame Namen. Meistens entscheiden ihre Erfinder, wie sie heißen sollen. Der niederländische Erfinder von Python, Guido van Rossum, ist ein Fan der englischen Komikergruppe *Monty Python* aus den 1970-er Jahren, die mehrere Kinofilme drehte und eine Fernsehserie hatte (*Monty Python's Flying Circus*). Van Rossum hat Python entwickelt, weil er eine möglichst einfache und übersichtliche Programmiersprache haben wollte. Das ist ihm gelungen, Python war im Jahr 2015 nach Java und JavaScript die drittbeliebteste Programmiersprache!

PYTHON INSTALLIEREN

Wir installieren jetzt den Python-Interpreter und -Editor unter Windows (am besten Windows 7, 8 oder 10).

1. **Gehe auf die Internetseite von Python:** https://www.python.org/downloads
2. **Klicke dort auf das gelbe Feld Download Python 3.5.2 (bzw. die gerade aktuelle Version von Python).**
3. **Speichere die Datei (am besten im Ordner Downloads).**

4 Starte die Installation mit einem Doppelklick auf den Dateinamen und folge den Installationsanweisungen.

Du bekommst einen neuen Ordnereintrag Python 3.5 unter Alle Programme im Windows-Startmenü.

Sollte dein Computer kein Windows-Computer sein, sondern unter Linux/Unix oder Mac OS X oder einem anderen Betriebssystem laufen, dann klickst du auf der Internetseite von Python nicht auf das gelbe Feld, sondern auf den Link für dein Betriebssystem, lädst dir die neueste passende Version herunter und folgst den Installationsanweisungen. Lass dir eventuell von deinen Eltern helfen.

PYTHON-SYMBOL AUF DEM BILDSCHIRM ERSTELLEN

Um ein Python-Symbol auf dem Bildschirm zu erstellen, befolge die folgenden Schritte:

1 Klicke mit der linken Maustaste auf Start (das Windows-Startsymbol links unten), dann auf Alle Programme und zuletzt auf Python 3.5.

2 Klicke mit der rechten Maustaste auf den Eintrag IDLE (Python 3.5).

3 Schiebe die Maus auf die Zeile Senden an und klicke auf Desktop (Verknüpfung erstellen).

Jetzt gibt es ein Symbol mit dem Namen IDLE (Python 3.5) auf deinem Bildschirm.

Mit einem Doppelklick auf das Symbol öffnest du ein neues Fenster, die sogenannte *Python-Shell* (auf Deutsch: Schale/Hülle).

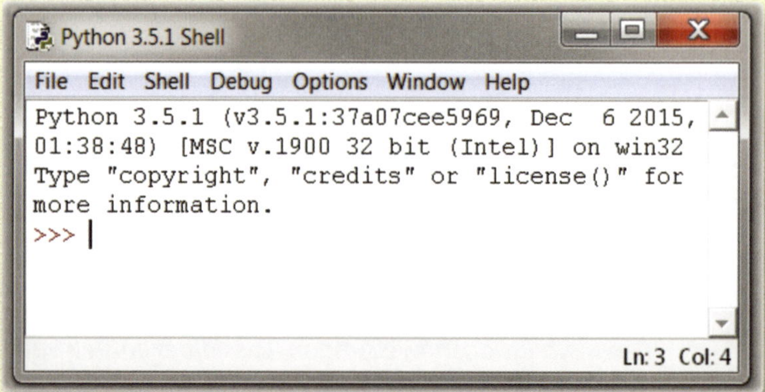

DEIN ERSTES PYTHON-PROGRAMM

Wie der Name schon sagt, ist die Python-Shell erstmal nur eine leere Schale, die nichts enthält. Ganz oben stehen ein paar technische Informationen über die Version von Python, die uns hier nicht interessieren. Wichtig sind die drei Zeichen `>>>` ganz unten: Sie sollen Pfeile darstellen und zeigen an, dass dahinter die nächste Eingabe von dir erwartet wird. Dort kannst du jetzt direkt Programmieranweisungen schreiben und dann den Interpreter darauf ansetzen. Und das geht so:

1. **Klicke in das Fenster.**
2. **Schreibe `print("HALLO WELT!")`.**
3. **Drücke die Eingabetaste ↵.**

Fertig. Dein erstes Programm wird sofort übersetzt und ausgeführt, und das Ergebnis ist eine Zeile tiefer zu bewundern.
Wie du siehst, erscheinen erneut die drei Zeichen `>>>` und signalisieren dir, dass Python für deine nächste Anweisung bereit ist. Natürlich kannst du statt »HALLO WELT!« auch einen anderen Text schreiben lassen, probiere es aus . . .

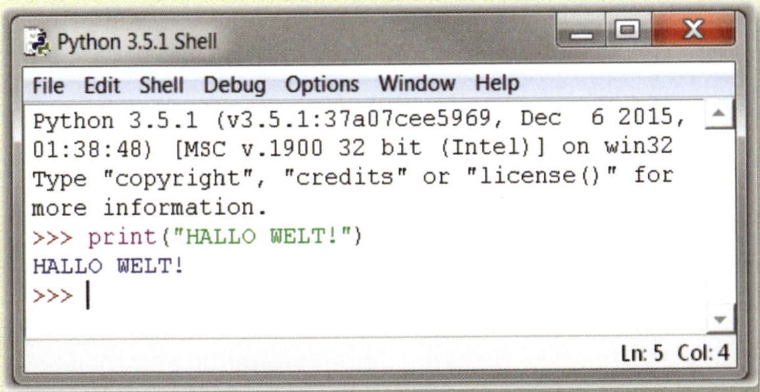

PYTHON ALS TASCHENRECHNER

Das Rechnen in Python geht auch ganz einfach. Wir werden wieder die Python-Shell benutzen. Die Grundoperationen `+`, `-`, `*`, `/` funktionieren so wie in einem Taschenrechner. Auch Klammern kannst du setzen. Gib einfach einen Rechenausdruck ein, zum Beispiel `(5+6)*3+8*3-37` und drücke ↵, um die Eingabe abzuschließen. Das Ergebnis ist 20. Rechne mal nach . . . Wenn du die Klammern weglässt, erhältst du ein ganz anderes Ergebnis (nämlich 10). Denn ohne Klammern gilt auch für Python das Prinzip: »Punktrechnung vor Strichrechnung«.

Jetzt kannst du die Python-Shell auch als Taschenrechner benutzen, zum Beispiel wenn die Batterie von deinem Taschenrechner leer ist.

PROGRAMME FÜR DIE EWIGKEIT

Wenn deine Programme länger werden, wirst du bestimmt immer mal wieder Fehler machen. Das ist ganz normal. Aber jedes Mal musst du wieder von vorne mit dem Tippen anfangen (oder, wenn du schlau bist, die alte Anweisung kopieren, unten einfügen, verbessern und dann auf ↵ drücken). Aber das ist viel Arbeit.

Außerdem willst du deine Programme vielleicht auch irgendwann mal wiederverwenden, also vielleicht nach drei Monaten oder einem Jahr. Die ganze Programmiererei soll sich ja auch lohnen!

PROGRAMME SPEICHERN

Programme wären nicht besonders nützlich, wenn du sie jedes Mal Zeile für Zeile wieder aufs Neue eintippen müsstest. Du brauchst also eine Möglichkeit, deine Programme zu speichern, damit du sie immer wieder aufrufen und laufen lassen kannst. Dazu gehst du folgendermaßen vor:

1. **Klicke in der Python-Shell oben links in der sogenannten *Menüzeile* auf File und wähle New File.**

   Es öffnet sich ein neues leeres Fenster, der *Editor*. Hier kannst du Programmcode schreiben, zum Beispiel:

```
print("HALLO WELT")
print("Ich rechne mit Python")
print("Eine Aufgabe mit Klammern: (5+6)*3+8*3-37 = ")
print((5+6)*3+8*3-37)
print("jetzt aber ohne Klammern: 5+6*3+8*3-37 = ")
print(5+6*3+8*3-37)
```

Es ist sehr nützlich, das eigene Programm mit Kommentaren *zu versehen. Das sind Bemerkungen, die dir selbst und anderen helfen zu verstehen, warum du was programmiert hast. In den ersten Zeilen einer Programmdatei sollte am besten stehen, was das Programm macht und wie es heißt. Kommentare werden am Beginn mit # gekennzeichnet, damit der Python-Interpreter weiß, dass dieser Text nicht zum eigentlichen Programm gehört. Beim Übersetzen wird der Rest der Zeile hinter einem #-Zeichen einfach ignoriert.*

2 Speichere dein Programm, indem du zuerst auf File und dann auf Save klickst.

Du wirst in einem neuen Fenster nach einem Ordner und dem Dateinamen gefragt.

3 Wähle den Ordner aus, gib einen Namen ein, zum Beispiel `HalloWelt`, und klicke auf Speichern.

Du hast jetzt eine neue Datei *HalloWelt.py* auf deinem Computer. Die Endung *.py* wird automatisch beim Speichern ergänzt. Sie bedeutet, dass diese Datei ein Python-Programm enthält.

PROGRAMME AUSFÜHREN

Nun kannst du dein Programm ausführen, so oft du möchtest.

1 Klicke einfach in der Menüzeile vom Editor-Fenster auf Run und dann auf Run Module.

Das Fenster der Python-Shell springt nach vorne und zeigt die Ausgabe deines Programms in den letzten Zeilen.

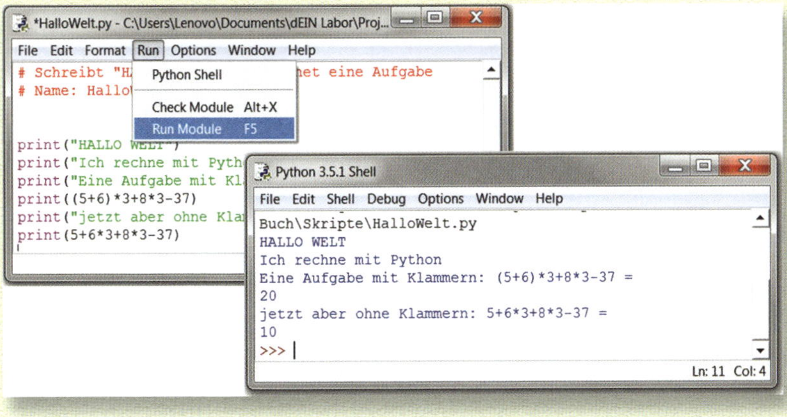

Hast du bemerkt, dass es print-Anweisungen mit und ohne Anführungszeichen gibt? Die Anführungszeichen setzt man immer dann, wenn genau dieser Text ausgegeben werden soll. Bei dem Rechenausdruck brauchst du die Anführungszeichen nicht, weil der Computer nicht die Rechnung, sondern das Rechenergebnis ausgeben soll.

Wenn du anschließend noch eine Änderung in deinem Programm vornimmst, wirst du vor der Ausführung gefragt, ob das Programm gespeichert werden soll. Klicke dann auf OK. Probiere das mal aus.

ALTES PROGRAMM LADEN

Und was musst du tun, um dein Programm Tage (oder Jahre) später zu bearbeiten oder einfach nur wieder einmal auszuführen?

1. **Klicke im Dateimanager (Windows Explorer) mit der rechten Maustaste auf den Dateinamen.**
2. **Wähle Edit with IDLE und anschließend Edit with IDLE 3.5 aus.**

   Dann öffnet sich wieder das Editor-Fenster mit dem Programm.

Eine andere Möglichkeit, ein gespeichertes Programm im Editor zu öffnen, besteht darin, erst die Python-Shell zu öffnen (über die IDLE-Verknüpfung auf dem Desktop), dort File und Open anzuklicken und die Datei auszuwählen.

Wenn es dir schwerfällt, das Shell-Fenster und das Editor-Fenster zu unterscheiden und zu finden, schau einfach auf die Titelleiste. Im Shell-Fenster steht Python 3.5 Shell, *im Editor-Fenster steht der Programmname.*

In diesem Kapitel hast du Folgendes gelernt:

- wie du Python auf deinem Computer installierst
- wie du Texte in die Python-Shell schreiben lässt
- wie du in der Python-Shell mit Zahlen rechnest
- wie du Python-Programme im Editor schreibst
- wie du Programme speichern, öffnen und ausführen kannst

KAPITEL 2 DIE SCHILDKRÖTE

© Valiant Technology Ltd.

IN DIESEM KAPITEL GEHT ES UM SCHILDKRÖTENBILDER. Du erfährst, wie du mit Python eine Schildkröte (auf Englisch *turtle*) auf dem Bildschirm sichtbar machen kannst, wie du ihr Aussehen bestimmst, wie du sie in Bewegung setzt und wie sie Bilder malt!

WIE BILDER AUF DEM BILDSCHIRM ENTSTEHEN

Normalerweise malst du Bilder mit einem Pinsel, mit Buntstiften oder mit Kreide. Ein Blatt Papier wird an bestimmten Stellen eingefärbt (oder eine Leinwand oder eine Tafel, je nachdem . . .). Auf dem Computerbildschirm solltest du lieber nicht direkt mit einem Pinsel malen, denn der Bildschirm soll ja hinterher noch funktionieren und andere Bilder oder Schrift anzeigen können.

WIESO MALEN WIR MIT SCHILDKRÖTEN?

Es hat vor mehr als vierzig Jahren eine Programmiersprache gegeben, die Logo hieß. Einer der Erfinder von Logo, der Mathematiker Seymour Papert, hat sich die Schildkrötengrafik (engl. *turtle graphics*) ausgedacht. Wahrscheinlich fand er es einfach cool, wie sich Schildkröten bewegen und wie sie dabei Spuren im Sand hinterlassen. Viele Programmiersprachen haben danach auch Schildkrötengrafik eingebaut. Es gibt sogar Schildkrötenroboter wie die »Valiant-Turtle« auf dem Foto, die von einem Computerprogramm ferngesteuert wird und dabei Bilder auf Papier malt.

Wir werden also Bilder programmieren, mit Anweisungen in einem Python-Programm.

Die Anweisungen sagen dem Computer, welche Punkte vom Bildschirm in welcher Farbe leuchten sollen. Allerdings wäre es sehr mühsam, wenn wir zu jedem winzig kleinen Bildschirmpunkt eine Anweisung geben müssten. Wir machen es also wie beim Malen: Wir erzeugen Linien. Manche Linien sind dick, manche sind dünn, mal sind sie lang, mal kurz, und sie können unterschiedliche Farben haben. All diese Informationen müssen wir in unser Programm stecken. Und dann müssen wir noch bestimmen, wo diese Linien beginnen und enden sollen. Also fast wie beim richtigen Malen.

Unser programmierbarer Pinsel heißt *turtle*, sieht aus wie eine Schildkröte, und ist ein Teil (oder auch *Modul*) der Programmiersprache Python.

WIE BILDER IM COMPUTER GESPEICHERT WERDEN

Wenn du dir deinen Computerbildschirm mal ganz genau mit einer Lupe ansiehst, dann siehst du, dass er wie ein Gitter aus lauter Zeilen und Spalten von einzelnen winzig kleinen Quadraten aufgebaut ist. Die quadratischen Punkte heißen *Pixel*. Ein Laptopbildschirm hat zum Beispiel 1920 Pixel nebeneinander in einer Reihe und 1080 Pixel untereinander in einer Spalte. Man sagt, die *Bildschirmauflösung* ist 1920 mal 1080. Das sind insgesamt 2 073 600 Pixel, also über zwei Millionen Pixel! Dem Computer ist es nicht zu mühsam, sich die Farben von Millionen von Pixeln zu merken. Er speichert in einer großen Tabelle für jeden Pixel die Farbe, indem er sich merkt, wie hoch die **R**ot-, **G**rün- und **B**lau-Anteile in diesem Farbpunkt sind. Mit einer Mischung aus diesen drei Farben (auch *RGB-Farbmischung* genannt), lässt sich jede Farbe darstellen.

DEIN ERSTES SCHILDKRÖTENBILD

Du fängst wieder in der Python-Shell an. Als allererste Anweisung schreibst du:

```
from turtle import *
```

Das bedeutet, dass du das turtle-Modul in deinem Programm benutzen möchtest. Dieses Modul enthält alles, was du zum Malen mit der Schildkröte brauchst. Was muss die Schildkröte können? Sich auf einer Linie bewegen und dabei eine Spur hinterlassen (welche Farbe, wie dick?). Dazu muss sie die Richtung wissen und wie weit sie gehen soll. Dann soll sie ihre Richtung auch mal ändern, sie muss sich also drehen können (wie weit drehen, wohin?). Nach der Drehung soll sie weiterlaufen und wieder eine Spur hinterlassen. So entsteht Schritt für Schritt ein programmiertes Bild: die Spur der Schildkröte.

SCHILDKRÖTE, ZEIG DICH!

Gib nun in der Python-Shell folgende Zeile ein:

```
shape("turtle")
```

Das Wort *shape* bedeutet auf Deutsch »Form«. Du hast also als Form *turtle* (Schildkröte) ausgewählt. Du kannst auch andere langweiligere Formen ausprobieren: *arrow* (Pfeil), *circle* (Kreis), *square* (Quadrat) oder *triangle* (Dreieck). Sobald du ↵ drückst, öffnet sich ein neues Fenster, und du siehst in der Mitte eine kleine schwarze Schildkröte (oder einen Pfeil, einen Kreis, ...). Die Schildkröte wartet jetzt auf deine Anweisungen. Ab jetzt bleibt dieses Fenster geöffnet, sodass du immer gleich sehen kannst, ob die Schildkröte deine Anweisungen auch korrekt befolgt.

LAUF, SCHILDKRÖTE, LAUF!

Am Anfang sitzt deine Schildkröte in der Mitte des Fensters und schaut nach rechts. Das ist die Startposition und wird als *home* (auf Deutsch: Zuhause) bezeichnet. Mit der Anweisung `home()` kannst du die Schildkröte immer nach Hause kommen lassen, egal, wo sie gerade noch war. Aber jetzt soll deine Schildkröte erstmal ihre ersten Schritte laufen. Gib die folgenden Anweisungen in der Python-Shell ein und beobachte, was dabei passiert. Vergiss nicht nach jeder Zeile ↵ zu drücken.

```
forward(100)
forward(50)
```

Die Anweisung `forward` heißt auf Deutsch »vorwärts«. Du hast damit der Schildkröte befohlen: »Bewege dich 100 Pixel vorwärts und danach noch 50 Pixel vorwärts«. Die Schildkröte bewegt sich zweimal auf den rechten Bildschirmrand zu, weil für sie »vorwärts« dorthin ist, wo sie gerade hinguckt. Sie hinterlässt dabei eine Linie als Spur. Am Ende ist die Linie 150 Pixel lang. Mit `backward` kann sie auch rückwärts laufen. Probiere es aus.

SCHILDKRÖTE, DREH DICH UM!

Ganz am Anfang ist die Schildkröte nach rechts gerichtet. Das ist ihre Startrichtung. Diese entspricht einem Winkel von 0 Grad. Damit sie ihre Laufrichtung ändert, kannst du sie nach links (gegen den Uhrzeigersinn) oder nach rechts (im Uhrzeigersinn) drehen. Schreibe folgende Anweisungen in die Python-Shell:

```
left(180)
right(180)
```

Die Anweisung `left` heißt auf Deutsch »links«, und `right` heißt »rechts«. Die Zahl 180 ist ein Winkel von 180 Grad, was einem halben Kreis entspricht. Nach der ersten Anweisung hat die Schildkröte eine halbe Drehung nach links gemacht, sie hat sich also umgedreht und schaut jetzt nach links. Mithilfe der zweiten Anweisung drehst du sie wieder zurück nach rechts.

KREISE, DREHUNGEN UND WINKEL

Um Drehungen zu messen, wird ein Kreis in Winkel eingeteilt. Die Winkel sehen wie Tortenstücke aus. Auf dem Bild siehst du, wie die Schildkröte in einem solchen Kreis sitzt. Da, wo sie hinguckt, ist die Gradzahl 0. Sie kann sich nach

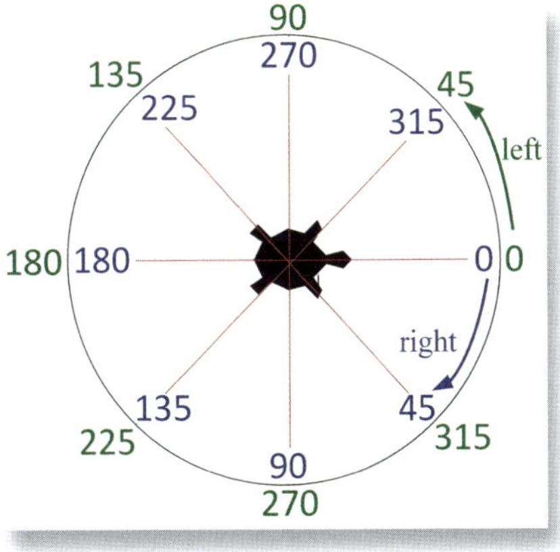

links (left) oder nach rechts (right) drehen. Je nachdem zählt man die Gradzahlen links herum (grüne Zahlen außen am Kreisrand) oder rechts herum hoch (blaue Zahlen am inneren Kreisrand).

Einmal im Kreis herum gedreht, sind es 360 Grad (manchmal schreibt man auch 360°). Das ist, wie du siehst, das Gleiche wie gar nicht gedreht oder 0 Grad. Der Kreis im Bild ist in acht gleich große Stücke eingeteilt, wovon jedes Stück

$$360 \text{ Grad} / 8 = 45 \text{ Grad}$$

groß ist. (Es gibt noch unendlich viele andere Kreiseinteilungen.) Auf dem Bild siehst du, dass es auf dasselbe herauskommt, wenn die Schildkröte sich um 45 Grad nach links dreht (»left(45)«) oder um 315 Grad nach rechts (»right(315)«). Wenn sie sich um 180 Grad dreht, ist es egal, ob sie sich links oder rechts herum dreht – es kommt ein halber Kreis dabei heraus.

Bei jeder Drehung dreht sich der gesamte Kreis um den Winkel mit, um den sich auch die Schildkröte dreht. Sie schaut also nach einer Drehung wieder in Richtung 0 Grad.

Schau dir ein Beispiel an: Die Schildkröte soll die folgenden drei Drehungen nacheinander ausführen:

1. `right(45)`
2. `right(180)`
3. `left(225)`

Im Bild sind diese drei Drehungen nacheinander dargestellt. Der gefärbte Teil des Kreises zeigt immer den Winkel für die nächste Drehung an (hellblau: nach rechts, hellgrün: nach links). Ist eine Drehung vollendet, hat der Kreis sich mitgedreht und die Schildkröte schaut auf 0 Grad in die neue Richtung. Für die erste Drehung »right(45)« dreht sich die Schildkröte mit dem Kreis auf die Stelle, wo vorher 45 Grad (rechts) stand. Für die nächste Drehung gelten die Winkelzahlen im mitgedrehten Kreis. Der blau markierte Halbkreis zeigt den zweiten Drehwinkel »right(180)«. Nach dieser zweiten Drehung zeigen die Schildkröte (und die 0 im gedachten Kreis) nach links oben, wo vorher die 180 stand. Der dritte Drehwinkel ist grün markiert, da eine Linksdrehung erforderlich ist, »left(225)«. Ist diese Drehung ausgeführt, dann stehen Schildkröte und Kreis genauso da wie zu Beginn.

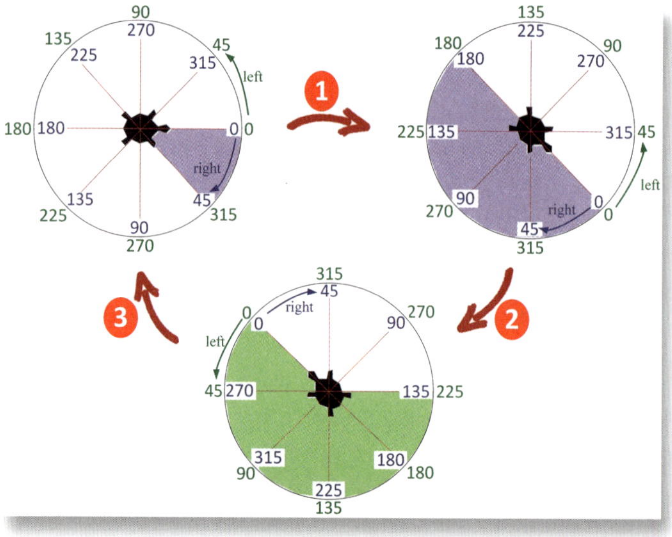

Wir kombinieren jetzt Vorwärtsbewegungen und Drehungen, um unser erstes Bild zu zeichnen: ein Quadrat. Ein Quadrat hat vier gleich lange Seiten und vier gleich große Winkel. Also brauchst du vier Anweisungen `forward(100)` (für eine Seitenlänge von 100 Pixeln). Am Ende jeder Seitenlinie drehst du die Schildkröte um 90 Grad nach links mit `left(90)`. Damit die Schildkröte am Ende nicht traurig nach unten schaut, sondern wieder nach rechts, verwenden wir noch die Anweisung `home()`. Die erste Anweisung `reset()` löscht alle Linien, die von vorher noch übrig waren, und stellt unsere Schildkröte auf die Startposition. Neben jeder Anweisung siehst du, was sich dadurch ändert.

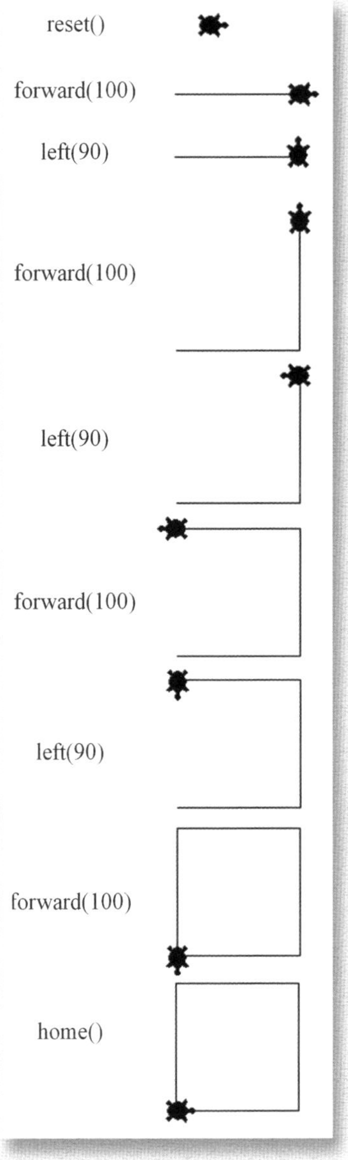

DIE WELT WIRD BUNT

Bis jetzt waren deine Bilder schwarzweiß. Aber manchmal sind bunte Bilder schöner. In Python gibt es einige Farben zur Auswahl: *black* (schwarz), *white* (weiß), *red* (rot), *blue* (blau), *green* (grün), *yellow* (gelb), *orange* (orange), *gray* (grau), *brown* (braun), *pink* (rosa). Auf Englisch heißt Farbe *color*. Mit dieser Anweisung färbst du die Schildkröte und ihre Spur von da an rot:

```
color("red")
```

Probiere mal, ein Quadrat zu zeichnen, das Seiten in vier verschiedenen Farben hat!

DURCH DICK UND DÜNN

Mit den folgenden beiden Anweisungen kannst du die Größe (auf Englisch: *size*) der Schildkröte und die Breite (auf Englisch: *width*) der Linien ändern.

```
turtlesize(3)
width(10)
```

Du kannst natürlich auch andere Zahlen verwenden, nur nicht Null oder negativ. Probiere aus, was verschiedene Zahlen bewirken.

Die Python-Shell hat den Vorteil, dass wir das Ergebnis nach jeder Anweisung gleich sehen können. Dafür ist es aber recht mühsam, alle Anweisungen für ein neues Bild immer wieder einzutippen. Du hast ja im letzten Kapitel schon den Python-Programmeditor kennengelernt. Den wirst du nun wieder benutzen, damit du deine Programme speichern und einfacher ändern kannst.

SCHILDKRÖTENBILDER ALS PROGRAMMDATEIEN

Ab jetzt benutzt du immer den Python-Editor. Das spart dir eine Menge Arbeit. Öffne ein leeres Editor-Fenster. Weißt du noch, wie?

Um den Editor zu öffnen, klickst du in der Python-Shell oben links auf File *und dann auf* New File. *Dann öffnet sich in einem neuen leeren Fenster der Editor. Hier kannst du dein Programm eingeben.*

Die allererste Codezeile lautet, wie auch in der Python-Shell:

```
from turtle import *
```

Dann folgen alle Anweisungen für ein Bild, so wie du sie in die Python-Shell geschrieben hast. Es ist ratsam, alle Anweisungen selbst erneut zu tippen und nicht einfach aus der Python-Shell zu kopieren. Ergänze am Ende dein Programm durch die folgende Zeile:

```
exitonclick()
```

Diese Anweisung heißt auf Deutsch »Beende (*exit*) bei (*on*) Mausklick (*click*)« und bedeutet, dass das geöffnete Grafikfenster auch nach einem Mausklick ins Fenster geschlossen wird. Eine andere Möglichkeit, das Fenster zu schließen, besteht darin, auf das Schließen-Kreuz rechts im oberen Fensterrand zu klicken (das ist die übliche Methode, um laufende Windows-Programme zu schließen).

Hier ist das Quadrat-Programm auf einen Blick, ergänzt um ein paar Kommentare (#), damit man später noch weiß, was das Programm tut:

```
# Quadrat mit Seitenlänge 100
# Name: Quadrat.py
from turtle import *

# Pinsel hat Schildkrötenform:
shape("turtle")

# Hier wird das Quadrat gemalt:
forward(100)
left(90)
forward(100)
left(90)
forward(100)
left(90)
forward(100)

# zurück zur Anfangsposition mit Blick nach rechts
home()

# Ende bei Mausklick ins Grafikfenster
exitonclick()
```

Speichere jetzt das Programm unter dem Namen »Quadrat« und führe es aus.

Um das Programm zu speichern, klickst du im Editor auf File *und dann auf* Save. *Um das Programm auszuführen, ist ein Klick auf* Run *und dann auf* Run Module *nötig.*

Hat es geklappt? Oder hast du eine Fehlermeldung in der Shell bekommen?

Achte auf die korrekte englische Schreibweise aller Anweisungen und auf die Klammerpaare.

WENIGER ÄNDERUNGEN MIT VARIABLEN

Wenn du jetzt ein Quadrat mit einer anderen Seitenlänge malen möchtest, dann musst du an mehreren Stellen im Code die Zahlen ändern. Das ist ziemlich mühsam. Vor allem wenn du danach noch ein anderes Quadrat zeichnen möchtest und noch eins und noch eins ... Für solche Fälle ist es viel besser, *Variablen* einzusetzen.

Du kannst dir eine Variable wie einen Behälter vorstellen, in den man etwas hineinlegen kann, was man später wieder herausnehmen möchte. Eine Variable hat einen Namen, mit dem sie angesprochen wird. Füge ganz oben in deinem Programm, gleich nach der Anweisung `from turtle import *`, folgende Zeile ein:

```
Schritte = 100
```

Damit hast du eine Variable namens `Schritte` mit dem Wert `100` belegt. Die Variable kannst du nun in deinem Programm an allen Stellen verwenden, wo bisher die Zahl 100 gestanden hat, zum Beispiel:

```
forward(Schritte)
```

Wenn du jetzt ein Quadrat mit einer Seitenlänge von 50 Pixelschritten malen möchtest, dann änderst du einmal den Wert der Variablen oben im Programm (`Schritte = 50`) und schon wird das Quadrat nur noch halb so groß.

Für Variablennamen gilt:

- *Groß- und Kleinschreibung wird unterschieden (a ist eine andere Variable als A).*
- *Das Unterstrich-Zeichen _ ist erlaubt.*
- *Die Rechenzeichen +, -, *, /, % und alle Arten von Klammern sind nicht erlaubt.*
- *Manche Computer haben Probleme mit den Umlauten ä, ö, ü und mit dem Buchstaben »ß« in Namen.*

Deshalb nimmt man am besten »ae« anstatt »ä« oder »Ue« anstatt »Ü« und »ss« für »ß«.

Wenn du dich im Programm beim Variablennamen verschreibst, dann zeigt Python aus Protest eine Fehlermeldung in der Shell an:

```
Traceback (most recent call last):
  File "C: ...\Skripte\Quadrat.py", line 17, in <module>
    forward(Schrite)
NameError: name 'Schrite' is not defined
```

Diese Fehlermeldung sagt in der letzten Zeile, dass die Variable »Schrite« nicht »definiert« wurde, das heißt, »Schrite« wurde niemals vorher mit einem Wert belegt. Klar, du hattest die Variable ja »Schritte« genannt. Deshalb musst du den Namen bei jeder Verwendung im Programm auch richtig schreiben.

Im nächsten Programm erweiterst du den Code mit Anweisungen für Farben und Größen. Füge außerdem Leerzeilen ein, damit das Programm besser lesbar ist.

Hier findest du den Anfang des Programms und den Code für die erste bunte Seite:

```
# Quadrat mit vier bunten Seiten
# Name: BuntesQuadrat.py
from turtle import *

shape("turtle")
speed(1)

Schritte = 100

# Die 1. Seite ist rot:
color("red")
width(4)
turtlesize(3)
forward(Schritte)
left(90)

# ab hier machst du alleine weiter
```

Dein buntes Quadrat kann so aussehen wie unser Quadrat mit fetter gelber Schildkröte, oder auch ganz anders.

MACH SCHNELLER, SCHILDKRÖTE!

Hast du eine neue Anweisung im Code entdeckt? Das ist `speed(1)` (*speed* heißt auf Deutsch »Geschwindigkeit«). Die Werte können Zahlen zwischen 0 und 10 sein. Bei 0 ist die Geschwindigkeit seltsamerweise am höchsten. Ansonsten steigt sie zwischen 1 und 10 von langsam auf ziemlich schnell an.

Am Anfang ist es besser, alles langsamer ablaufen zu lassen, um zu sehen, was passiert. Wenn das Programm fehlerfrei ist, kannst du die Geschwindigkeit erhöhen.

FLÄCHEN FÜLLEN

Um ein Quadrat (oder eine andere Fläche) auszumalen, gibt es die beiden Anweisungen `begin_fill()` und `end_fill()`. Damit markierst du im Programm die Zeile vor der ersten Linie und die Zeile nach der letzten Linie der Fläche, die ausgemalt werden soll. Als Füllfarbe wird die Farbe genommen, die bei der Ausführung von `end_fill()` aktuell ist.

```
begin_fill()

# Die 1. Seite ist rot:
color("red")
...
# Die 4. Seite ist gelb:
color("yellow")

end_fill()
```

Probiere das mal aus und verändere dein Programm *BuntesQuadrat.py* entsprechend. Den Quellcode findest du in der Datei *BuntesQuadrat-gefuellt.py*.

Achte darauf, dass zwischen `begin_fill()` *und* `end_fill()` *alle Linien deiner Fläche gezeichnet werden. Wenn das nicht der Fall ist, verbindet Python einfach den Anfang der ersten enthaltenen Linie mit dem Ende der letzten und färbt die so entstehende Fläche. Das ist nicht unbedingt das, was du haben möchtest.*

Bekommst du das hin? Suche dir (mindestens) eine der folgenden Flaggen aus und schreibe ein Programm, mit dem du sie malen kannst. Die Farben, die man für die Anweisung `color()` braucht, stehen unter den Flaggen. Verstecke die Schildkröte am Ende mit `hideturtle()`. Tipp für Schweden: Male zuerst ein blaues Rechteck, das dann von zwei gelben Rechtecken übermalt wird.

Die Programmdateien heißen *Deutschland.py*, *Italien.py* und *Schweden.py*.

Falls du es noch bunter haben möchtest: Auf dieser Webseite für Profiprogrammierer findest du die Namen von sehr vielen Farben, die du alle in Python verwenden kannst: http://www.farb-tabelle.de/de/farbtabelle.htm

DIE SCHILDKRÖTE SPRINGT IM DREIECK

Bei Rechtecken muss die Schildkröte viermal eine Drehung um 90 Grad machen, um anschließend wieder in der Ausgangsstellung zu landen. Wie würdest du ein Dreieck programmieren? – Logisch, die Schildkröte muss nur drei Drehungen machen. Aber wie groß sind die Gradzahlen dafür? Hier kommt wieder etwas Mathematik ins Spiel.

In jedem Dreieck beträgt die Summe der drei Innenwinkel 180 Grad. In einem gleichseitigen Dreieck sind alle Seiten gleich lang und alle Innenwinkel gleich groß, nämlich 180 Grad / 3 = 60 Grad.

Lass uns ein gleichseitiges Dreieck malen! Die Schildkröte befindet sich auf Position X und schaut nach rechts. Sie soll sich erst vorwärts bewegen und dann nach links drehen.

Im linken Dreieck siehst du den Innenwinkel von 60 Grad links unter dem Pfeil 2 an der ersten Drehposition. Im rechten Dreieck erkennst du die grün markierten Winkel für die beiden Linksdrehungen der Schildkröte. An den Winkelkreisen kann man erkennen, dass es ungefähr 120 Grad sind. Das kannst du aber auch ausrechnen: Würde sich die Schildkröte um 180 Grad drehen, also zurücklaufen, dann hätte sie sich um genau 60 Grad (den Innenwinkel) zu viel gedreht, denn sie soll ja nicht zurück, sondern auf der Dreieckslinie laufen. Den richtigen Drehwinkel berechnest du dann so: 180 Grad – 60 Grad = 120 Grad.

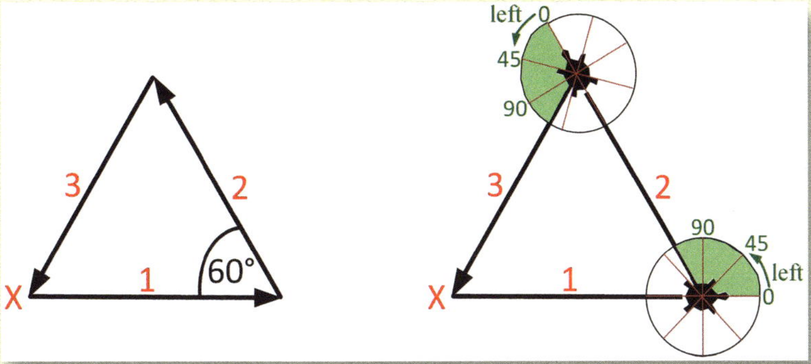

Zwei Linksdrehungen um 120 Grad sind nötig. Nun ist das Dreieck fertig. Am Ende der dritten Seite kannst du noch eine dritte 120-Grad-Drehung machen, damit die Schildkröte wieder nach rechts schaut.

Bekommst du das hin? Passe dein Programm *Quadrat.py* an und speichere es mit File und Save Copy as als *Dreieck.py*. Oder beginne ein ganz neues Programm. Die ersten Zeilen sind hier vorgegeben. Den Rest schaffst du bestimmt selbst. Gerne kannst du dein Dreieck auch ausmalen.

```
# Gleichseitiges Dreieck
# Name: Dreieck.py
from turtle import *

shape("turtle")
Schritte = 100

# Die 1. Dreieckseite wird gemalt
forward(Schritte)
left(120)

# ab hier machst du alleine weiter
```

MANCHE KLEEBLÄTTER BRINGEN GLÜCK

Wenn du die sechs Anweisungen für ein gleichseitiges Dreieck aus dem Dreieck.py-Programm noch zweimal kopierst und bei jeder Kopie die letzte Linksdrehung durch eine Rechtsdrehung `right(120)` ersetzt, dann entsteht eine Figur, die einem dreiblättrigen Kleeblatt ähnlich ist. Probiere das mal aus. Das Programm speicherst du am besten unter dem Namen *Kleeblatt.py*. Dreiblättrige Kleeblätter bringen aber bekanntlich kein Glück ☹.

Bekommst du das hin? Zeichne ein vierblättriges Kleeblatt. Die vier Blätter müssen etwas enger zusammenrutschen, damit sie nebeneinander passen. Welchen Drehwinkel musst du nach jedem Dreieck nehmen? Male das vierblättrige Kleeblatt grün aus, damit es echter aussieht.

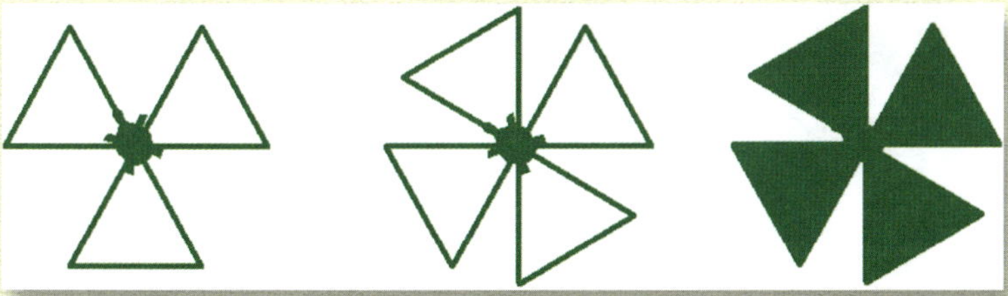

Unter dem Link www.wiley-vch.de/publish/dt/books/ISBN3-527-71352-2 findest du alle unsere Programmbeispiele, auch *Kleeblatt.py* und *Kleeblatt-4.py*.

In diesem Kapitel hast du Folgendes gelernt:

- wie du das Turtle-Modul in die Python-Shell importierst und verwendest
- wie du die Schildkröte bewegst und drehst
- wie du die Farben und Liniendicken veränderst
- wie du Quadrate, Rechtecke und Dreiecke malst
- wie du daraus Flaggen und andere Muster zusammensetzen kannst

KAPITEL 3 FIGUREN GESTALTEN

NUN WOLLEN WIR WEG VON DEN ECKEN UND ETWAS RUNDES MALEN: EINEN KREIS. Leider kann aber unsere Schildkröte nur gerade Linien als Spuren hinterlassen und keine Kurven. Pech gehabt, oder?

VOM ECKIGEN ZUM RUNDEN

Nein, so schnell geben wir nicht auf. Dreiecke und Vierecke haben wir schon geschafft, Fünfecke, Sechsecke usw. sollten auch kein Problem sein.

Das werden einfach immer mehr Linien, immer mehr Drehungen und die Linien selber werden immer kürzer und die Linksdrehungen kleiner. Schau dir mal das Siebzehneck an. Was fällt dir auf? Richtig, das sieht schon beinahe aus wie ein Kreis. Noch ein paar Ecken mehr, und niemand würde den Unterschied bemerken!

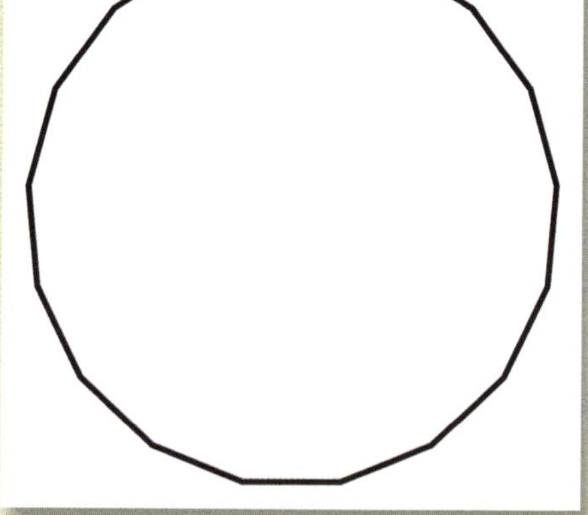

Für ein Siebzehneck muss die Schildkröte siebzehn Linien zeichnen, beispielsweise mit `forward(20)` und nach jeder Linie eine Drehung machen. Damit es eine geschlossene Fläche wird, ergeben die Drehwinkel zusammen wieder 360 Grad. Bei jeder der 17 Drehungen dreht sich die Schildkröte also um 360/17 Grad. Das brauchst du nicht auszurechnen, denn rechnen kann Python viel besser. Du schreibst direkt die Anweisung `left(360/17)`. Dann mach dich mal an die Arbeit und tippe 17-mal die gleichen forward- und left-Befehle in den Editor. Halt! Willst du das wirklich machen? Python, wie auch alle anderen Programmiersprachen, macht dir diese Arbeit sehr leicht.

```
forward(20)
left(360/17)
forward(20)
left(360/17)
forward(20)
left(360/17)
forward(20)
left(360/17)
forward(20)
left(360/17)
forward(20)
left(360/17)
forward(20)
left(360/17)
forward(20)
left(360/17)
forward(20)
left(360/17)
forward(20)
left(360/17)
forward(20)
left(360/17)
forward(20)
left(360/17)
forward(20)
left(360/17)
forward(20)
left(360/17)
forward(20)
left(360/17)
forward(20)
left(360/17)
forward(20)
left(360/17)
```

Illustration: Leonard Ermel

Der deutsche Mathematiker Carl Friedrich Gauß hat 1796 gezeigt, dass man ein regelmäßiges Siebzehneck mit gleich langen Linien und gleich großen Winkeln zeichnen kann, indem man nur Lineal und Zirkel benutzt. Es ist immer wieder erstaunlich, womit sich Mathematiker so in ihrer Freizeit beschäftigen!

ZEILEN EINSPAREN MIT SCHLEIFEN

Es wäre schön, wenn wir einfach der Schildkröte befehlen könnten: »Gehe 10 Pixel vorwärts, drehe dich dann nach links um 360/17 Grad, und das ganze machst du 17-mal«. Die gute Nachricht ist: So etwas kann man tatsächlich in Python ausdrücken.

MIT FOR-SCHLEIFEN DINGE MEHRMALS TUN

Anweisungsblöcke, die dafür sorgen, dass Dinge mehrmals wiederholt werden, nennt man *Schleifen*. Die sogenannte *for-Schleife* für unser Siebzehneck sieht so aus:

```
for i in range(17):
    forward(10)
    left(360/17)
```

In der ersten Zeile steht im Prinzip »Wiederhole 17-mal das folgende:« (wörtlich übersetzt bedeutet die Zeile »Für i im Bereich 17:«). Danach kommen eingerückt die beiden Anweisungen, die wiederholt werden sollen.

Die Einrückung von Anweisungen in einer Schleife ist sehr wichtig, denn nur, was eingerückt ist, wird auch wiederholt. Die erste Anweisung nach `for i in range(17):`*, die nicht mehr eingerückt ist, markiert das Ende der Schleife. Diese und alle folgenden Anweisungen werden nicht wiederholt und erst nach Ende der Schleife ausgeführt.*

Die Variable `i` ist ein *Zähler*, und der Ausdruck `for i in range(17):` sagt, dass der Zähler bis 17 zählen soll und dass nach jedem Hochzählen um 1 die eingerückten Anweisungen einmal ausgeführt werden. In Computerprogrammen fangen Zähler allerdings oft nicht bei 1 an zu zählen, sondern bei 0. Die Variable `i` ist also in der 1. Runde mit 0 belegt, in der 2. Runde mit 1 und so weiter bis zur 17. Runde, da hat sie den Wert 16. Nach 17 Wiederholungen wird die Schleife beendet. Wenn du willst, kannst du den Wert von `i` mit dem print-Befehl ausgeben lassen. Dann siehst du, wie die Wiederholungen gezählt werden und dass nach 17 Runden Schluss ist. Gleichzeitig entsteht im Grafikfenster unser Siebzehneck.

```
for i in range(17):
    forward(10)
    left(360/17)
    print(i)
```

Damit die Sache noch runder wird, zeichne ein paar kreisähnliche Figuren (Vielecke) mit immer mehr Ecken. Speichere das Programm unter dem Namen *Kreis.py*, wenn der Kreis rund genug aussieht und du zufrieden bist.

Um dir Arbeit zu sparen, kannst du in deinem Kreisprogramm eine Variable »Ecken« einführen und diese mit der aktuellen Zahl der Ecken belegen. Dann verwendest du in der for-Schleife statt der Zahl 17 immer diese Variable. Für ein anderes Vieleck musst du im Programm nur die Variablenbelegung ändern.

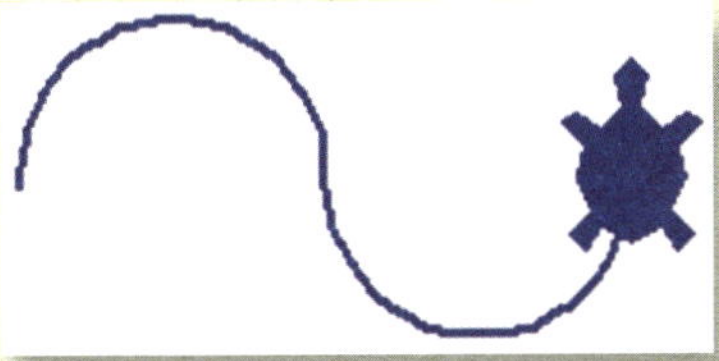

Bekommst du das hin? Die Schildkröte soll im Nebel nach Hause gehen. Sie sieht den Weg nicht mehr und tastet sich in Schlangenlinien voran. Kannst du die Spur der Schildkröte programmieren? Hinweis: Zerlege die Kreisspur von vorhin in zwei Teile. Verwende zwei for-Schleifen.

Das Programm *Schlangenlinie.py* findest du unter:

www.wiley-vch.de/publish/dt/books/ISBN3-527-71352-2

Mit einer for-Schleife kannst du Blöcke von Anweisungen so oft wiederholen, wie du möchtest. Manchmal weißt du aber vorher gar nicht genau, wie oft etwas passieren soll, nur dass es mehrmals geschieht. Was tust du dann?

MIT WHILE-SCHLEIFEN DINGE SO LANGE TUN, BIS SICH WAS ÄNDERT

Stell dir vor, die Schildkröte tastet sich in Schlangenlinien immer weiter durch den Nebel, und zwar so lange, bis sie fast gegen den Fensterrand stößt. Wenn sie den Fensterrand erreicht (oder kurz vorher), soll sie umkehren und zurück zum Startpunkt kommen. Du weißt die Anzahl der Halbkreise, die die Schildkröte laufen kann, aber nicht vorher. Sie hängt ja von der Fenstergröße und auch von der Größe des Halbkreises ab.

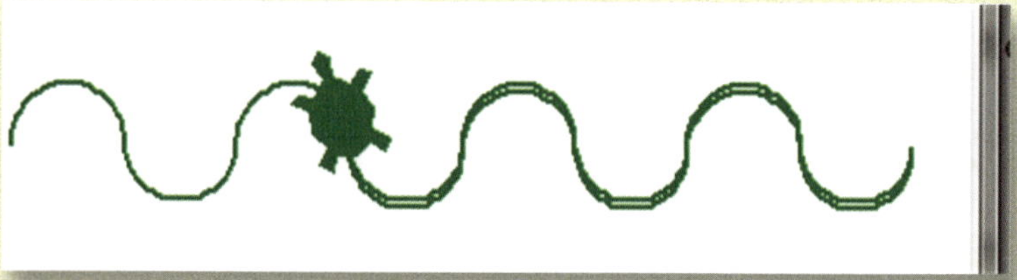

In solchen Fällen kannst du eine sogenannte *while-Schleife* benutzen (*while* bedeutet auf Deutsch: solange). Statt eines Zählers, wie in einer for-Schleife, entscheidet jetzt eine *Bedingung*, wie lange etwas wiederholt werden soll. Deshalb nennt man so eine Schleife auch eine *bedingte Schleife*.

Eine Bedingung ist entweder erfüllt (wahr, auf Englisch *true*) oder nicht erfüllt (falsch, auf Englisch *false*). Solange die Bedingung erfüllt ist (also *true*), werden alle Anweisungen innerhalb der while-Schleife der Reihe nach ausgeführt. Dann wird die Bedingung überprüft, und es geht wieder von vorne los. Ist die Bedingung allerdings irgendwann nicht mehr erfüllt (also *false*), wird die Schleife beendet.

```
while Bedingung:
    # hier (eingerückt) die zu wiederholenden Schritte
```

Es gibt verschiedene Möglichkeiten, die Bedingung zu formulieren. Wir machen es uns ganz einfach. Wir verwenden einfach eine Variable `lauf`. Diese Variable kann nur zwei Werte annehmen: `True` oder `False`. Solange die Variable den Wert »True« hat, startet und läuft die Schleife. Innerhalb der Schleife änderst du den Wert aber irgendwann zu »False« und dann bricht die Schleife ab.

Nun ist aber die Frage: Wann und wie wird die Variable auf »False« gesetzt? Das ist kniffelig.

WENN-DANN-SONST

In jedem while-Schleifen-Durchlauf soll die Schildkröte eine ganze Schlangenlinie wandern (den ersten Halbkreis nach rechts und den zweiten Halbkreis nach links). Danach musst du prüfen, ob die Schildkröte schon den Fensterrand erreicht hat. Dafür vergleichst du die aktuelle Position der Schildkröte mit dem rechten Fensterrand. Ist die Schildkröte für eine weitere Schlangenlinie zu nah am Fensterrand, soll sie nicht mehr weiterlaufen. In diesem Fall musst du die Variable »lauf« auf »False« setzen. Im anderen Fall soll die Variable »lauf« weiterhin »True« bleiben, damit die Schleife nicht abgebrochen wird.

Wir brauchen also eine Anweisung, die Folgendes ausdrückt: »**Wenn** Schildkröte zu nah am Fensterrand, **dann** `lauf=False`, **sonst** `lauf=True`«. Eine solche »Wenn ..., dann ..., sonst ...«-Anweisung nennt man auch eine *bedingte Anweisung*, weil sie an eine Bedingung geknüpft ist, die erst einmal geprüft werden muss. Die Bedingung ist der Teil direkt hinter dem Wort »Wenn« (auf Englisch und in Python: `if`). Stimmt die Bedingung, wird die Anweisung im dann-Teil ausgeführt. Stimmt sie nicht, kommt direkt der sonst-Teil (auf Englisch und in Python: `else`) dran (wenn es einen gibt) und der dann-Teil wird überhaupt nicht beachtet.

In Python sieht eine bedingte Anweisung so aus:

```
if Bedingung:
    # dann-Teil
else:
    # sonst-Teil
```

WO IST DIE SCHILDKRÖTE?

Unsere Bedingung lautet: Schildkröte zu nah am Fensterrand. Das heißt, wir müssen die aktuelle Position der Schildkröte mit der Position des rechten Fensterrandes vergleichen. Um das tun zu können, brauchst du aber erst einmal ein paar Informationen darüber, wie Positionen abgefragt werden.

Wie du schon aus Kapitel 2 weißt, ist das Zeichenfenster ein Gitter aus Pixeln. Jeder Pixel in diesem Gitter liegt in einer bestimmten Spalte und einer bestimmten Zeile. Ein Pixel mit der Position (7,30) liegt in Spalte 7 und in Zeile 30. Man nennt die Position eines Pixels auch seine *Koordinaten* und benutzt häufig die Variable x für die Spaltennummer (*x-Koordinate*) und die Variable y für die Zeilennummer (*y-Koordinate*).

Aber wo beginnt man die Spalten und Zeilen zu zählen? Wo ist die erste Zeile und wo ist die erste Spalte? Vielleicht ist dir schon aufgefallen, dass die Schildkröte bisher immer in der Mitte des Grafikfensters gestartet ist. Das ist die Position (0,0). Von dort aus werden nach rechts die Spalten hochgezählt, bis zur Spalte 300 ganz rechts. Nach oben werden die Zeilen hochgezählt, bis zur Zeile 300 ganz oben. Für den unteren und den linken Bildschirmteil werden negative Zahlen genutzt. Die Schildkröte in der Ecke links unten hat die Position (-300,-300).

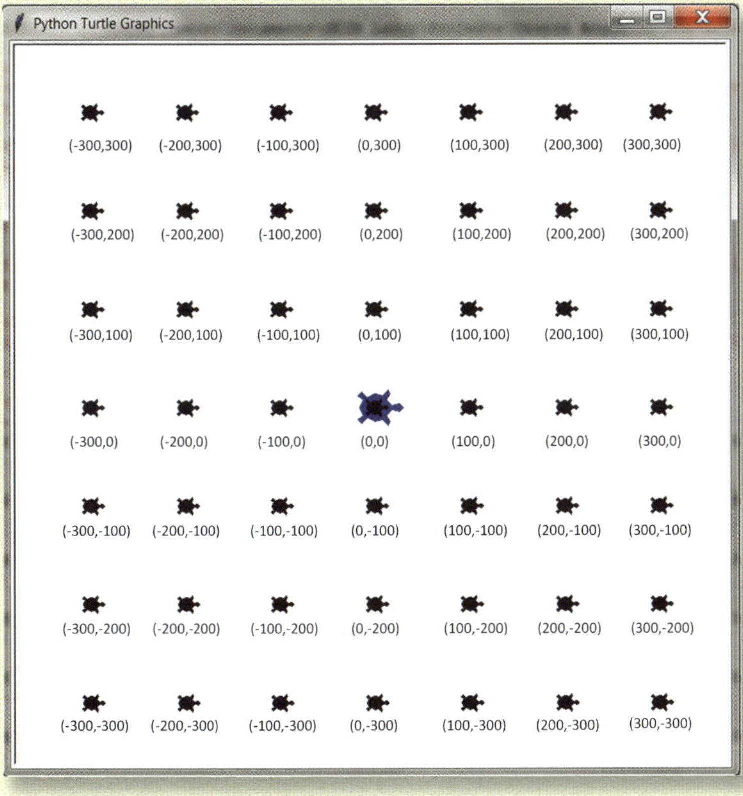

Um festzustellen, wie nah die Schildkröte bereits am rechten Rand des Fensters ist, brauchst du die aktuelle Position der Schildkröte und die aktuelle Position des rechten Fensterrands. Die Position der Schildkröte kannst du mit `xcor()` und `ycor()` abfragen. Dabei gibt `xcor()` die Spaltennummer und `ycor()` die Zeilennummer aus. Die Maße des Fensters kannst du mit `window_width()` (auf Deutsch: Fensterbreite) und `window_height()` (auf Deutsch: Fensterhöhe) abfragen.

Wenn deine Schildkröte aus der Mitte nach rechts gestartet ist, dann darf sie höchstens die Hälfte der Fensterbreite bis zum rechten Rand laufen. Das wäre `window_width()/2`.

Wenn du also wissen willst, ob die Schildkröte bereits über den rechten Rand hinausgelaufen ist, benutze den Vergleich `xcor() >= window_width()/2`. Das bedeutet: »Ist die x-Koordinate größer oder gleich der halben Fensterbreite?«

Aber eigentlich ist es dann schon zu spät, nicht wahr? Die Schildkröte soll ja vor dem rechten Fensterrand umkehren. Was kannst du tun? Nun, du kannst einfach nochmal 100 Spalten abziehen. Benutze den Vergleich `xcor() >= window_width()/2 - 100`.

Die Bedingung sieht also so aus:

```
if xcor() >= window_width()/2 - 100:
    # dann-Teil
else:
    # sonst-Teil
```

*Vergleichsoperatoren kennst du schon seit der Grundschule. In Python gibt es < (kleiner als), > (größer als), >= (größer oder gleich), <= (kleiner oder gleich) und == (ist das gleiche wie). Stimmt der Vergleich, so ist die Bedingung erfüllt (*true*); stimmt er nicht, so ist die Bedingung verletzt (*false*). Achtung, anders als in der Schule nimmst du in Python für »ist das gleiche wie« zwei Gleichheitszeichen hintereinander ==, damit Python einen Vergleich von einer Variablenbelegung unterscheiden kann:* `x=7` *ist eine Variablenbelegung, bei der die Variable x den Wert 7 zugewiesen bekommt; dagegen ist* `x==7` *ein Vergleich, der stimmt, wenn x wirklich gerade die Zahl 7 als Wert enthält.*

DIE SCHILDKRÖTE KEHRT UM ...

Und was soll dann passieren, wenn die Schildkröte über den Rand (oder auch nicht) hinausgelaufen ist? Nun, das muss dann im dann-Teil und im sonst-Teil angewiesen werden. Zum Beispiel so:

```
if xcor() >= window_width()/2 - 100:
    print("habe den Rand erreicht, muss umkehren")
    lauf = False
else:
    print("noch nicht am Rand, ich laufe weiter")
```

Na, kannst du noch? Oder brauchst du eine Pause?

Wenn nicht, kannst du jetzt die wenn-dann-sonst-Anweisung in die while-Schleife einsetzen, damit sie abgebrochen wird, sobald der rechte Fensterrand erreicht ist und »lauf« auf »False« gesetzt wurde:

```
lauf = True
while lauf:
    # erster Halbkreis

    # zweiter Halbkreis


    # prüfe, ob der Rand erreicht ist
    if xcor() >= window_width()/2 - 100:
         print("habe den Rand erreicht, muss umkehren")
         lauf = False
    else:
        print("noch nicht am Rand, ich laufe weiter")
```

Nun ist die Schildkröte also am rechten Fensterrand. Sie kehrt um mit `left(180)` (`right(180)` ginge natürlich auch). Das schreibst du hinter die while-Schleife, und zwar außerhalb der Schleife, also nicht mehr eingerückt. Vergiss nicht, die Variable `lauf` wieder auf `True` zu setzen.

... UND LÄUFT ZURÜCK

Jetzt ist die Schildkröte bereit für den Rückweg. Ihr Zuhause soll etwa in der Fenstermitte liegen (also an einer Position, deren x-Koordinate zwischen 0 und 20 liegt). Die while-Schleife für den Weg zurück sieht fast genauso aus wie die while-Schleife davor, nur ist die Bedingung in der bedingten Anweisung anders. Jetzt gilt: Wenn `xcor() <= 20`, dann bekommt die Variable `lauf` den Wert `False` und die zweite while-Schleife wird beendet.

Das Programm zu Ende zu schreiben, schaffst du bestimmt auch allein. Naja, vielleicht brauchst du ja erstmal eine Pause. Wenn du danach doch Hilfe brauchst, dann schaue dir die Datei *Schlangenlinien.py* an.

NOCH MEHR ZEILEN SPAREN MIT FUNKTIONEN

Einen Kreis kannst du ja schon malen (auch wenn es in Wirklichkeit ein Vieleck ist). Kreise kann man gut gebrauchen, wenn man zum Beispiel Blumen malen möchte. Allerdings willst du sicher nicht immer wieder die for-Schleife für den Kreis eintippen (wie gesagt, Programmierer sind auch eher faule Leute). Es wäre schön, wenn die for-Schleife für den Kreis einen kurzen Namen hätte (zum Beispiel »Kreis«), den wir jedes Mal, wenn wir einen Kreis brauchen, als Anweisung hinschreiben.

So etwas gibt es in den meisten Programmiersprachen. Man nennt einen Anweisungsblock, dem man einen Namen gegeben hat, eine *Funktion*. Die Stellen, wo die Funktion verwendet wird, heißen *Funktionsaufrufe*. Logischerweise muss man erstmal eine Funktion haben, bevor man sie aufrufen kann. So schreibst du eine Funktion:

```
def Kreis():
    for i in range(50):
        forward(5)
        right(360/50)
```

Das Wort `def` (für definiere) bedeutet, dass hier der Name und der Inhalt einer Funktion festgelegt werden. Programmierer sprechen auch von der *Definition* der Funktion.

Eine Funktionsdefinition alleine ist noch kein Programm. Die Anweisungen in einer Funktion werden nur ausgeführt, wenn du sie in einem Programm auch aufrufst. Wenn du das nicht tust, ist es so, als hättest du eine Variable mit einem Wert belegt, die du nie verwendest – einfach nutzlos.

So rufst du eine Funktion in deinem Programm auf:

```
Kreis()
forward(30)
Kreis()
forward(30)
Kreis()
forward(30)
```

Jedes Mal, wenn der Aufruf `Kreis()` in deinem Programm ausgeführt wird, wird der Kreis so gemalt, wie es in deiner Funktion steht. Du hast hier also eine neue Anweisung erfunden und die Sprache Python bereichert.

Natürlich kannst du auch andere Programme schreiben, die die Kreis-Funktion verwenden, wie zum Beispiel dieses hier:

```
for i in range(3):
    Kreis()
    forward(30)
```

Huch, das ist ja gar kein anderes Programm – nur einfacher aufgeschrieben als oben. Probiere aus, was bei diesem Programm passiert.

Hier ist ein Programm für eine einfache Blume, die die Kreisfunktion verwendet. Das eigentliche Programm beginnt hinter der Funktion `Kreis()` mit dem Malen des Stängels.

*Blume.py - C:/Users/Lenovo/Docu...

```
# Blume aus Kreisen und einem Stängel
# Name: Blume
from turtle import *
shape("turtle")
speed(0)

def Kreis():
    for i in range(50):
        forward(5)
        right(360/50)

# Stängel
width(4)
color("green")
left(90)
for i in range(10):
        forward(30)
        left(5)

# Blume
width(2)
color("red")
for i in range(5):
    Kreis()
    left(72)

exitonclick()
```

Ln: 1 Col: 37

Bekommst du das hin? Erweitere das Blumenprogramm so, dass eine zweite blaue Blume dazukommt, die sich nach rechts neigt und zehn Blütenblätter hat.

Die Anweisungen `penup()` *und* `pendown()` *sind sehr nützlich, wenn du die Schildkröte von einem Punkt zu einem anderen bewegen willst, ohne eine sichtbare Spur zu hinterlassen. Diese Befehle bedeuten: Pinsel hoch (pen up) und Pinsel runter (pen down). Zwischen den Anweisungen* `penup()` *und* `pendown()` *kannst du deine Schildkröte spurlos zum Anfang des grünen Stängels bewegen, um dann die zweite Blume zu malen.*

Mit Kreisen kann man wunderschöne Muster malen. Hier ist noch eine Blume zum Nachprogrammieren. Für diese Dreifachblume brauchst du drei Kreis-Funktionen, da ganz innen kleine rote Kreise, in der Mitte größere grüne Kreise und ganz außen große blaue Kreise gemalt werden müssen. (Du findest den Code in der Datei *DreiKreiseBlume.py*.)

Es wäre praktischer, wenn du jedes Mal dieselbe Kreisfunktion aufrufen könntest, nur eben mit dem Hinweis, in welcher Farbe und Größe die Schildkröte den Kreis zeichnen soll. Auch das ist in Python möglich: Wir nennen solche Hinweise bei einem Funktionsaufruf *Parameter*.

Damit die Funktion die Parameter auch versteht, musst du schon bei der Definition der Funktion Variablennamen für die Parameter vorsehen und in die (bisher leeren) Klammern hinter den Funktionsnamen schreiben. Für die Kreisfunktion mit zwei Parametern für Schritte und Farbe sieht das so aus:

```
def Kreis(Schritte, Farbe):
    color(Farbe)
    for i in range(50):
        forward(Schritte)
        right(360/50)
```

Wie du siehst, werden die Variablennamen dann an den Stellen der Funktion verwendet, wo bisher eine unveränderliche Farbe und eine feste Zahl für die Schrittanzahl standen. Aber kann das denn funktionieren? Wir haben in Kapitel 2 doch gesagt, dass Variablen auch mit Werten belegt werden müssen. Und hier haben die Variablen doch gar keine Werte!

Es ist richtig, dass die Variablen `Schritte` und `Farbe` bei der Definition der Funktion noch nicht belegt sind. Das ist aber nicht schlimm, denn die Funktion wurde ja auch noch gar nicht verwendet. Wie sorgen wir nun dafür, dass die Variablen rechtzeitig vor der ersten Verwendung der Funktion belegt werden? Ganz einfach, wir liefern bei jedem Funktionsaufruf feste Werte für die Parametervariablen mit.

Ein Funktionsaufruf ist jetzt nicht mehr einfach nur der Name der Funktion, sondern er enthält in Klammern Werte für alle Funktionsparameter, zum Beispiel so: `Kreis(5,"red")`. In diesem Funktionsaufruf werden feste Werte (die Zahl `5` für Schritte und die Linienfarbe `red` für Farbe) mitgeliefert, mit denen die Funktion dann ihre beiden Parametervariablen belegt. Der Funktionsaufruf wird also dazu führen, dass ein kleiner roter Kreis gemalt wird.

Es ist ganz wichtig, dass die Reihenfolge der Werte in Klammern beim Funktionsaufruf `Kreis(5,"red")` *genau der Reihenfolge der Parameter bei der Funktionsdefinition* `def Kreis(Schritte,Farbe)` *entspricht. Sonst werden die Parameter falsch belegt und es passieren unfassbare Dinge.*

Nun hast du alle Werkzeuge, die du brauchst, um schöne Mandalas zu malen, wie ganz rechts in dem Bild am Kapitelanfang. Das Mandala dort ist sogar schon bunt ausgemalt. Es macht aber auch Spaß, ein Mandala in Schwarzweiß mit der Schildkröte zu entwerfen, es dann auszudrucken und von Hand mit Buntstiften auszumalen (oder es deinem Freund oder deiner kleinen Schwester zum Ausmalen zu schenken ☺).

Den Programmcode für unser schwarzweißes Beispiel-Mandala findest du in der Datei *Mandala.py*. Verändere den Code nach Belieben, um weitere schöne Mandalas zu erfinden. Wenn du bunte Mandalas lieber magst, dann schaue dir das Programm in *Mandala_ausgemalt.py* an. Damit wird unser Mandala vom Kapitelanfang erzeugt.

FIGUREN DRUCKEN

Um ein Bild, zum Beispiel dein Mandala, auszudrucken, machst du am besten einen *Screenshot* (auf Deutsch: Bildschirmfoto). Unter Windows kannst du dafür das »Snipping Tool« benutzen, das findest du, indem du auf das Windows-Startsymbol klickst und »Snipping« im Suchtextfeld eingibst.

1. **Klicke auf das Programm Snipping Tool und wähle im Snipping Tool-Fenster den Menüeintrag Neu.**

   Der Bildschirm wird leicht grau.

2. **Nun ziehst du mit der Maus ein Rechteck um dein Bild.**

   Eventuell musst du vorher das Snipping-Tool-Fenster beiseiteschieben.

3. **Das Bild, das du umrahmt hast, speicherst du in einer Datei, indem du im Snipping Tool-Fenster Datei und dann Speichern unter auswählst und einen Dateinamen und -speicherort eingibst.**

   Du kannst Bilder als Datei mit der Endung *.png* oder mit der Endung *.jpg* speichern.

4. **Mache als Nächstes einen Doppelklick auf den Dateinamen des Bildes.**

   Es öffnet sich ein Programm (zum Beispiel Windows Fotoanzeige).

5. **Wähle im Menü den Eintrag Drucken.**

FIGUREN ZUFÄLLIG ERSCHEINEN LASSEN ...

Bisher hast du Figuren immer genau dorthin gemalt, wo du sie haben wolltest. Ein neuer Programmlauf mit demselben Programm hat immer dasselbe Bild erzeugt. Jetzt bringen wir den Zufall ins Spiel, damit die Bilder, die von einem Programm erzeugt werden, jedes Mal anders aussehen.

Wenn du deine Schildkröte an einer bestimmten Stelle im Grafikfenster erscheinen lassen möchtest, dann musst du wissen, wie du Positionen ansteuerst. Zum Positionieren der Schildkröte gibt es die Anweisung `setpos(x,y)`. Wie du schon früher gehört hast, sollten die beiden Parameter x und y Zahlen zwischen -300 und +300 sein, damit die Schildkröte auch im Grafikfenster landet.

Die Figuren in unserem Beispiel sind wild verteilt. Die Positionen der Figuren wurden zufällig gewählt. In Python gibt es das *random*-Modul, um Zufallszahlen zu erzeugen. (Das Wort *random* heißt auf Deutsch: zufällig.) Das random-Modul importierst du ganz oben im Programm mit `from random import *`.

Eine ganze Zufallszahl, die zwischen zwei bestimmten Werten liegt, bekommst du mit `randint(von, bis)`. Du erhältst zum Beispiel durch den Aufruf `randint(-300,300)` irgendeine ganze Zahl aus dem Bereich von -300 bis 300. Diese Zahl kannst du jetzt für eine x- oder y-Position benutzen, in der Anweisung `setpos(x,y)`. Die Codezeilen zur zufälligen Positionierung deiner Schildkröte im Zeichenfenster sehen dann so aus:

```
x = randint(-300, 300)
y = randint(-300, 300)
penup()
setpos(x, y)
pendown()
```

. . . UND ZUFÄLLIG FÄRBEN

Du kannst auch die Farben mithilfe von `random()`-Anweisungen zufällig bestimmen lassen. Jede Farbe ist eine Mischung aus drei Grundfarben: Rot, Grün, Blau. Die Werte für diese drei Farbanteile liegen zwischen den Kommazahlen 0.0 und 1.0.

In Python (und anderen Programmiersprachen) werden Kommazahlen mit einem Punkt ».« und nicht mit Komma »,« geschrieben. Beispiele für Kommazahlen zwischen 0 und 1 sind 0.123456789 oder 0.9999999999 oder 0.1. Die Kommazahl 1.0 ist die gleiche Zahl wie die ganze Zahl 1.

Je näher alle drei Farbanteile an 1 sind, desto heller wird die Farbe. Umgekehrt wird der Farbton dunkler bei Werten nahe bei 0. Weiße Farbe wird mit `color(1, 1, 1)` erzeugt, schwarze mit `color(0, 0, 0)`. Die drei Grundfarben erhältst du mit `color(1, 0, 0)` (rot), `color(0, 1, 0)` (grün) und `color(0, 0, 1)` (blau). Alle anderen Farben sind Mischfarben, zum Beispiel `color(0, 0.5, 0.5)` (türkis), zur Hälfte grün und zur Hälfte blau. Findest du die Zahlen für Orange heraus?

Die Funktion `random()` liefert eine Zufallszahl zwischen 0.0 und 1.0. Weil es drei Farbanteile gibt, brauchst du drei Zufallszahlen für die Variablen: `rot`, `grün` und `blau`. Die Variablen übergibst du dann in `color(rot,grün,blau)`. Die Reihenfolge der Parameter ist wichtig, wenn du gezielt einen Farbton entwickeln willst. Die Codezeilen für eine zufällige Farbe sind sehr einfach:

```
rot = random()
grün = random()
blau = random()
color(rot, grün, blau)
```

Komisch, nicht wahr? Es sieht so aus, als ob den Variablen `rot`, `grün` und `blau` das Gleiche zugewiesen wird. Aber das stimmt nicht: Die Funktion `random()` liefert bei jedem Aufruf wieder eine neue Zufallszahl. Rein zufällig können die so entstandenen Zufallszahlen zwar auch mal gleich sein, aber das wäre schon ein sehr großer Zufall ☺. Wenn du magst, kannst du die Werte der Variablen `rot`, `grün` und `blau` mit der print-Anweisung in die Shell schreiben lassen, dann siehst du, welche Zahlen die random-Funktion jeweils erzeugt. Etwas kürzer wird der Code, wenn du einfach `color(random(),random(),random())` schreibst.

Jetzt weißt du genug, um ein abstraktes Bild ganz allein zu programmieren. Hier sind die Schritte, die du gehen musst:

1 **Öffne eine neue Datei und importiere die Module `turtle` und `random`.**

2 **Schreibe eine Funktion `Vieleck`.**

Beim Programm *Vieleck.py* kannst du abschreiben.

Die Funktion fängt so an:

```
def Vieleck(Ecken, Breite, Schritte):
```

Das muss alles in der Funktion »Vieleck« geschehen:

- Positioniere die Schildkröte auf einer zufälligen Position.
- Setze die Farbe auf eine zufällig gewählte Farbe.
- Setze die Linienbreite auf den Wert des Parameters `Breite`.
- Belege eine neue Variable `GefülltOderNicht` zufällig mit 1 oder 0. Benutze dazu die Anweisung `randint(0,1)`.
- Frage ab, ob der Parameter `GefülltOderNicht` den Wert 1 hat (wenn-Teil). Falls ja, schreibe (im dann-Teil) eine `for`-Schleife für ein ausgemaltes Vieleck. Verwende die Parameter `Ecken` und `Schritte`. Die for-Schleife muss zwischen `begin_fill()` und `end_fill()` stehen! Falls nein, schreibe (im sonst-Teil) eine `for`-Schleife für ein Vieleck ohne Füllfarbe.

3 **Schreibe hinter die Funktion eine `for`-Schleife mit `range(10)`.**

Innerhalb der for-Schleife rufst du mehrere Male die Funktion »Vieleck« mit Werten für ein Drei-, Vier-, Fünf-, Sechs-, Achteck, . . . auf. Jedes dieser Vielecke wird dann 10-mal gemalt, aber an zufälligen Positionen, mit zufälligen Farben, mal ausgefüllt und mal nicht. Hier ein Beispiel für ein Sechseck mit Linienbreite 5 und Seitenlänge 30 Pixel: `Vieleck(6, 5, 30)`.

4 **Vergiss nicht `exitonclick()` am Programmende.**

Läuft dein Programm fehlerfrei und tut es, was es tun soll? Du kannst es mit dem Code in *Vielecke_Zufallsposition_und_farbe.py* vergleichen.

Alle Programme findest du wie immer unter dem Link:

www.wiley-vch.de/publish/dt/books/ISBN3-527-71352-2

In diesem Kapitel hast du Folgendes gelernt:

- wie du Vielecke und Kreise malst
- wie du for-Schleifen und while-Schleifen verwendest
- was eine bedingte Anweisung ist
- wie du dir mit einer Funktion viel Arbeit sparst
- wie du schöne Blumen aus Kreisen gestaltest
- wie du Mandalas komponierst
- wo du zufällige Zahlen herbekommst und damit abstrakte Bilder malst

KAPITEL 4 STERNE UND MEHR

China

"red" und "yellow"

FLAGGEN HAST DU ZWAR SCHON IM ZWEITEN KAPITEL GEMALT, ABER DA WAR DAS NOCH ETWAS MÜHSAM. INZWISCHEN SIND GESTREIFTE FLAGGEN EIN KINDERSPIEL. Weil du in Kapitel 2 noch keine Schleifen kanntest, musstest du jeden Balken neu aus einzelnen Schritten und Drehungen zusammensetzen, zum Beispiel in den gestreiften Flaggen von Deutschland und Italien. Jetzt definierst du einfach eine Funktion `Balken(Farbe)` mit der jeweiligen Füllfarbe als Parameter. Im Programm lässt du die Schildkröte zur linken unteren Ecke des nächsten Balkens laufen und rufst die Funktion mit der passenden Farbe auf; das Ganze passiert dreimal. Fertig!

STERNE IN FLAGGEN

Nun gibt es aber auch andere Flaggen, wie zum Beispiel die chinesische Flagge. Die chinesische Flagge ist nicht gestreift, sondern trägt Sterne.

STERNE MIT FÜNF ZACKEN

Wir machen uns daher jetzt ein paar Gedanken über Sterne und ihre Eigenschaften: Im Prinzip ähnelt ein Stern einem Vieleck. Wenn du beim chinesischen Stern die Spitzen der Zacken verbindest, entsteht ein großes Fünfeck. Wenn du die inneren Ecken verbindest, entsteht ein kleines Fünfeck. Die Zacken des Sterns sind Dreiecke, die auf dem Rand des kleinen Fünfecks sitzen. Alle Zacken sind gleich groß und haben den gleichen Abstand voneinander. Jede Zacke ist ein *gleichschenkliges Dreieck*, das heißt, es gibt zwei gleich große Winkel (die am Fünfeck) und einen dritten, der anders ist (die Spitze der Zacke).

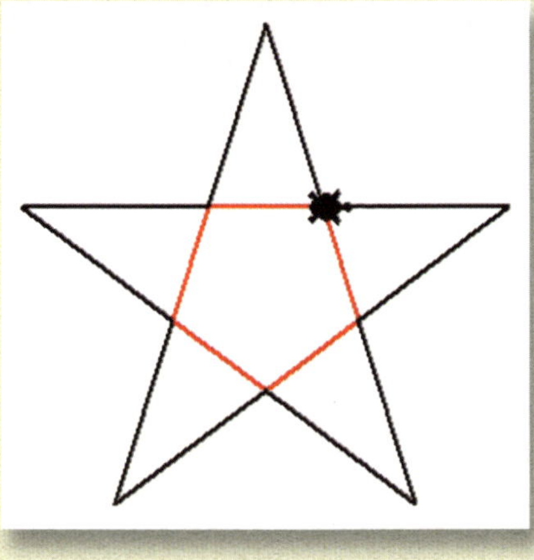

Ein Dreieck ist gleichschenklig, *wenn zwei der drei Seiten gleich lang sind. Daraus folgt, dass das Dreieck achsensymmetrisch ist und zwei der drei Winkel gleich groß sind.*

Wir müssen der Schildkröte nun beibringen, statt einer Fünfeckseite jedes Mal eine Zacke zu malen. Die Schleife, mit der wir ein Fünfeck malen, wird also erweitert.

Erinnerst du dich noch, um wie viel Grad sich die Schildkröte drehen musste, als sie eine Ecke vom Siebzehneck laufen sollte? Es waren 360/17 Grad. Schau in Kapitel 3 nach, wenn du möchtest. Um eine Ecke eines Fünfecks zu laufen, muss sich die Schildkröte um 360/5 Grad = 72 Grad drehen. Das kannst du auch so ungefähr an dem Winkelkreis ablesen.

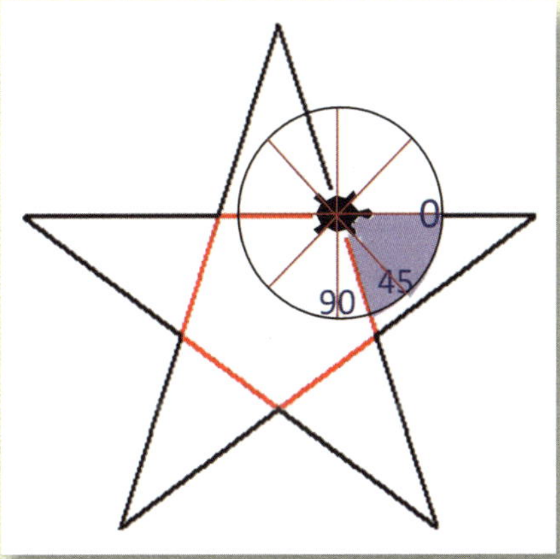

Unsere Schildkröte soll aber auf dem Rand des Sterns laufen, also auf der schwarzen Spur. Um einen Zacken zu malen, läuft die Schildkröte zuerst einmal einfach geradeaus (bis zur Spitze des Zackens). Dann dreht sie sich nach rechts. Aber wie groß ist dieser Drehwinkel? Geschätzt sind es etwas mehr als 135 Grad nach rechts.

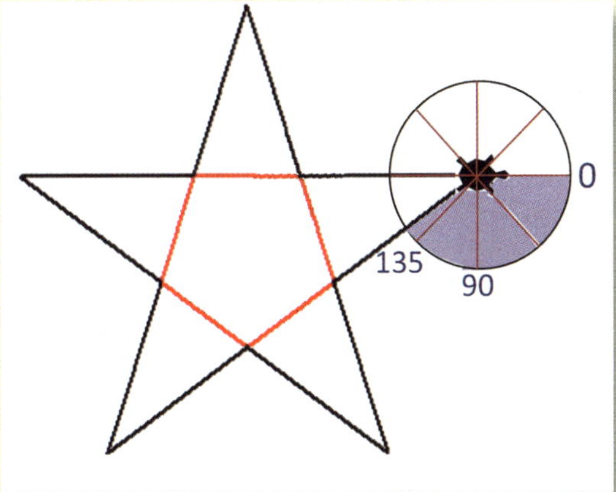

Und wie viel Grad sind es genau? Wenn wir die Winkel nur schätzen, kommt da nie ein schöner Stern heraus.

Hier kommt wieder die Mathematik ins Spiel: Wir wissen, dass die drei inneren Winkel des Zackendreiecks zusammen genau

180 Grad ergeben, denn das ist bei jedem Dreieck so. Wir wissen auch, dass die beiden inneren Winkel, die an das Fünfeck stoßen, gleich groß sind. Wie groß sie sind, weißt du schon: Der eine Winkel der beiden Winkel ist genau der Winkel, um den sich die Schildkröte beim Fünfeckzeichnen dreht, also genau 72 Grad.

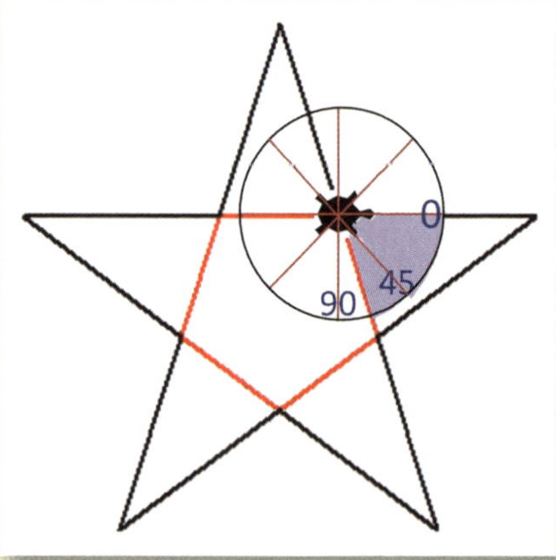

Also rechnen wir:

Dreieckswinkel an der Spitze = 180 Grad – (2 · 72 Grad) = 36 Grad.

Damit ist der Drehwinkel der Schildkröte bei jeder Zacke:

180 Grad – 36 Grad = 144 Grad,

also wie vermutet etwas größer als 135 Grad. Die Schildkröte dreht sich nun um 144 Grad nach rechts und malt die zweite Seite des Zackens.

Der nächste Winkel, den wir brauchen, ist die Linksdrehung an der nächsten Ecke vom Fünfeck.

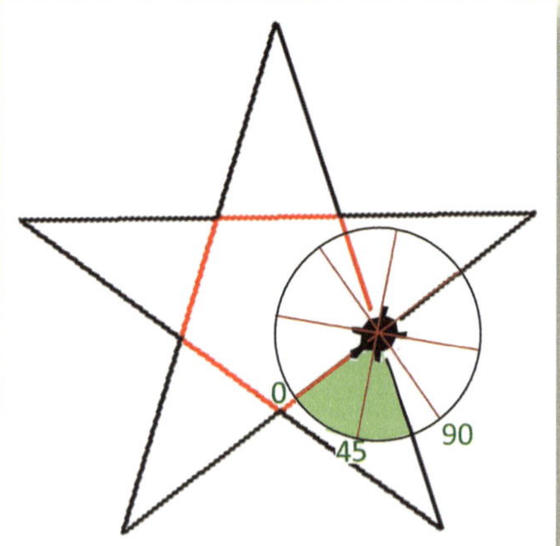

Das ist nun zum Glück wieder genau einer der beiden gleich großen Innenwinkel des Zackendreiecks, also 72 Grad. Und damit ist unser Programm fertig. Wir malen die Zacken in einer `for`-Schleife. Es ergibt sich folgendes Fünf-Zacken-Sternprogramm für eine Zackenlänge von 100 Pixelschritten:

```
for i in range(5):    # 5 Zacken
    forward(100)      # 100 Schritte erste Zackenseite
    right(144)        # 144 Grad um die Zackenspitze
    forward(100)      # 100 Schritte zweite Zackenseite
    left(72)          # 72 Grad nach außen für die
                      # zweite Zacke
```

Bekommst du das hin? Die Schildkröte läuft bei unserem Programm außen am Rand des Sterns entlang und muss sich dabei insgesamt zehnmal drehen. Es gibt aber noch eine andere Möglichkeit, diesen Stern zu zeichnen, sodass unsere Schildkröte nur fünf Drehungen vollführen muss: Sie beginnt einfach bei der ersten Zackenspitze, läuft durch bis zur dritten Zackenspitze, dreht sich, läuft bis zur fünften Zackenspitze, dreht sich, läuft bis zur zweiten ... Diese Methode ist für nicht schwindelfreie Schildkröten viel angenehmer. Der einzige Unterschied beim fertigen Bild ist, dass man hier auch das innere Fünfeck sieht. Kannst du das Programm für nicht schwindelfreie Schildkröten schreiben? Funktioniert diese Methode auch bei einem sechseckigen Stern? Was glaubst du?

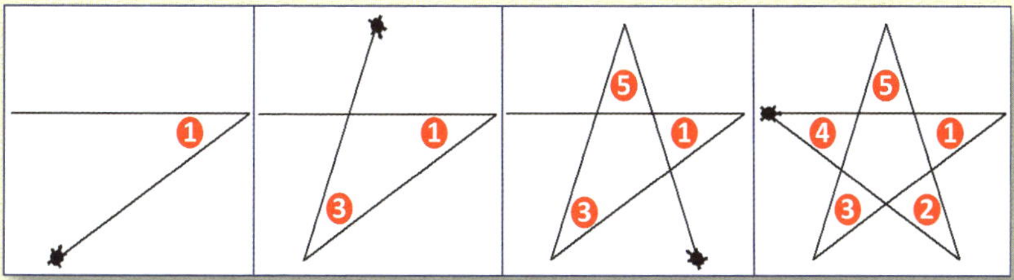

Jetzt haben wir alles, was wir für die chinesische Flagge brauchen. Na ja, fast alles: Um auf dem Weg von Stern zu Stern keine gelben Linien zu hinterlassen, benutze wieder die Anweisungen `penup()` und `pendown()`. Schreibe ein Programm, das die chinesische Flagge malt. Experimentiere mit Sterngrößen und -abständen, bis deine Flagge der chinesischen Flagge ähnlich sieht. Die vier kleinen Sterne malst du am besten mit einer `for`-Schleife.

NOCH MEHR ZACKEN

Nun gibt es im Leben ja nicht nur fünfzackige Sterne, sondern Sterne mit beliebig vielen Zacken. Wir wollen unser Fünf-Zacken-Sternprogramm nun universell machen, das heißt, es soll jeden beliebigen Stern malen können. Das schreit nach einer Funktion mit Parametern. Wir lassen also offen: Wie viele Zacken hat der Stern (Parameter `Zacken`)? Wie groß ist ein Zacken (Parameter `Schritte`)? Und welche Füllfarbe hat der Stern (Parameter `Farbe`)?

1 **Schreibe das Fünf-Zacken-Programm noch einmal ausführlich mit allen Rechnungen auf:**

```
for i in range(5):
    forward(100)
    right(180-(180-2*360/5))
    forward(100)
    left(360/5)
```

Die etwas längliche Rechnung für die Rechtsdrehung kannst du vereinfachen:

$$180-\left(180-2\cdot\frac{360}{5}\right)=180-180+2\cdot\frac{360}{5}=2\cdot\frac{360}{5}$$

Wenn du so etwas in der Schule noch nicht gemacht hast, musst du uns das jetzt einfach glauben.

2 **Ersetze als Nächstes überall die Zahl 5 durch den Parameter `Zacken` und die Zahl 100 durch den Parameter `Schritte`:**

```
for i in range(Zacken):
    forward(Schritte)
    right(2*360/Zacken)
    forward(Schritte)
    left(360/Zacken)
```

Fast fertig!

3 **Jetzt fehlt noch das Ausmalen in einer Farbe und die Definition des ganzen als Funktion.**

```
def Vielzackenstern(Zacken, Farbe, Schritte):
    color(Farbe)
    begin_fill()
    for i in range(Zacken):
        forward(Schritte)
        right(2*360/Zacken)
        forward(Schritte)
        left(360/Zacken)
    end_fill()
```

Die Funktionen für Fünfzacken- und Vielzackensterne findest du in *Sterne.py*.

Bekommst du das hin? Damit du nicht nur noch Sterne siehst, male doch mal zur Abwechslung Sonne und Mond, so wie im Bild. Die Sonne hat keine Zacken, aber Strahlen, die kannst du als dicke kurze Linien malen. Und der Mond? Er ist ja eigentlich rund und schön, aber nur halb zu sehen. Wie kannst du das darstellen? Falls du zu lange grübeln musst, sieh dir die Lösung in *SonneUnd-Mond.py* an.

Wenn du auf den Geschmack gekommen bist: Hier sind weitere Flaggenbilder zum Nachmalen. Es ist erstaunlich, wie viele Länder Monde und Sterne auf ihren Flaggen haben! Die Sonne kommt übrigens seltener vor, zum Beispiel bei den Ländern Antigua und Barbuda, Taiwan, Kasachstan, Malaysia und Ruanda (siehe https://de.wikipedia.org/wiki/Liste_der_Nationalflaggen).

Israel "blue3" | Panama "royalblue3" und "red3" | Singapur "firebrick2"

VON STERNEN ZU SPIRALNEBELN

Mit der Funktion `Vielzackenstern()` kannst du, wenn du willst, die gesamte Milchstraße malen ... Aber das solltest du vielleicht lieber bleiben lassen, denn die Milchstraße besteht aus Milliarden von Sternen. Da hätte die Schildkröte ihr Leben lang zu tun, auch wenn ja Schildkröten bekanntlich sehr, sehr alt werden können. Auf der Grundlage von Bildern eines NASA-Teleskops entstand dieses beeindruckende Bild von unserer Milchstraßen-Galaxie.

© NASA/JPL-Caltech

Auch wenn du die Sterne einzeln kaum sehen kannst (und schon gar nicht irgendwelche Zacken), fällt dir etwas auf? Die Sterne bilden eine Lichtspirale. Wir werden deshalb im zweiten Teil dieses Kapitels gemeinsam mit der Schildkröte Spiralen erkunden.

Auf den ersten Blick hat eine Spirale Ähnlichkeit mit einem Kreis. Nur dass die Spirale nach einer Runde nicht wieder beim Anfang ankommt, sondern ein Stück weiter außen. Woran liegt das? Bei unseren Kreisprogrammen (die ja eigentlich Vielecke zeichnen) waren die Wegstrecken auf dem Kreisrand (also die Seiten des Vielecks) alle gleich groß, und die Drehwinkel ergaben alle zusammengerechnet 360 Grad. Wenn du die Vieleckseiten nach und nach immer länger machst, erhältst du hingegen eine Spirale. Die Spirale schließt sich nicht, sie »öffnet sich«.

Wie kann man das programmieren? Zur Erinnerung, unsere Funktion `Kreis()` (eigentlich ein 50-Eck) sah so aus:

```
def Kreis():
    for i in range(50):
        forward(10)
        right(360/50)
```

1 Erhöhe nun in jedem Schleifendurchlauf die Anzahl der Schritte.

Beim ersten Mal sollen es 10 Pixelschritte sein, beim zweiten Mal 11, dann 12 und so weiter. Erinnerst du dich, dass der Zähler `i` bei jedem Schleifendurchlauf um 1 größer wird als vorher? Das nutzen wir aus und addieren einfach den aktuellen Wert von `i` zur Schrittezahl 10 dazu.

```
def Spirale():
    for i in range(50):
        forward(10 + i)
        right(360/50)
```

Wir erhalten die erste Seite mit `forward(10 + 0)`, die zweite Seite mit `forward(10 + 1)` und die letzte (längste) Seite mit `forward(10 + 49)`. Die Seiten des Vielecks werden also immer länger. Das Ergebnis siehst du in unserer Spiralen-Testreihe ganz links.

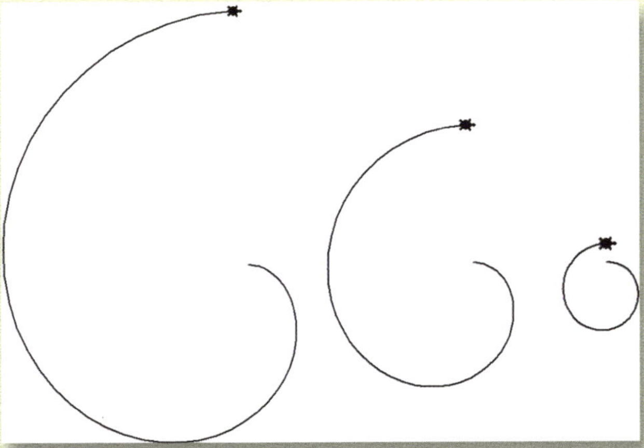

Der Abstand zwischen Anfangs- und Endpunkt ist allerdings sehr groß. Die Zahl für die Schritte wächst zu schnell. Wie musst du das Programm anpassen, damit du eine engere Spirale erhältst, so wie in der Mitte oder – am allerbesten – im rechten Bild der Testreihe?

2 **Richtig, addiere bei jedem Schleifendurchlauf nicht `i`, sondern nur einen Teil davon, zum Beispiel ein Sechzehntel von `i`.**

Auch dann werden die Vieleckseiten immer länger, aber die Spirale öffnet sich nicht ganz so schnell.

Eine richtige Spirale (so wie die Milchstraße) dreht aber nicht nur eine Runde, sondern viele.

3 **Lass deshalb die `for`-Schleife länger laufen als bisher (zum Beispiel 10-mal so oft):**

```
def Spirale():
    for i in range(500):
        forward(10 + i/16)
        right(360/50)
```

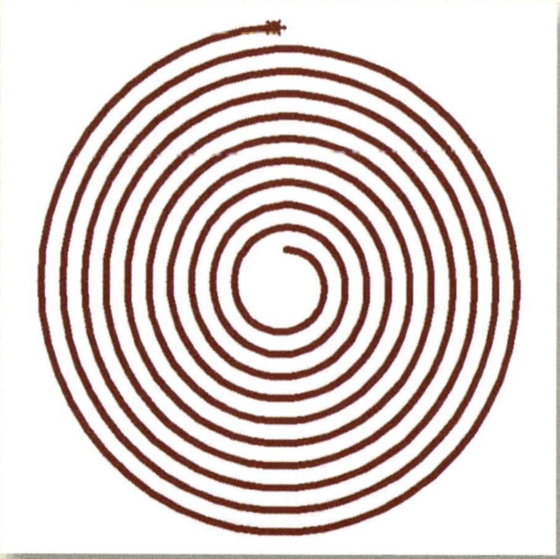

Wenn du diese Funktion aufrufst (und vorher die Strichdicke und die Farbe nach Wunsch einstellst), dann wird dich die Schildkröte mit einer Zehnfach-Spirale hypnotisieren.

Durch das Verändern von Parameterwerten innerhalb der `for`-Schleife mithilfe der Zählvariablen `i` kannst du noch andere tolle Effekte erzielen. Wie sieht eine Spirale aus, deren Linie allmählich immer dicker wird? Sie wirkt wie ein Strudel, man wird in die Spirale hineingezogen. Das ist schon beinahe ein 3D-Bild. Hier ist die Strudel-Funktion:

```
def Strudel():
    w=1
    for i in range(350):
        forward(3+i/16)
        width(w+i/16)
        right(360/50)
```

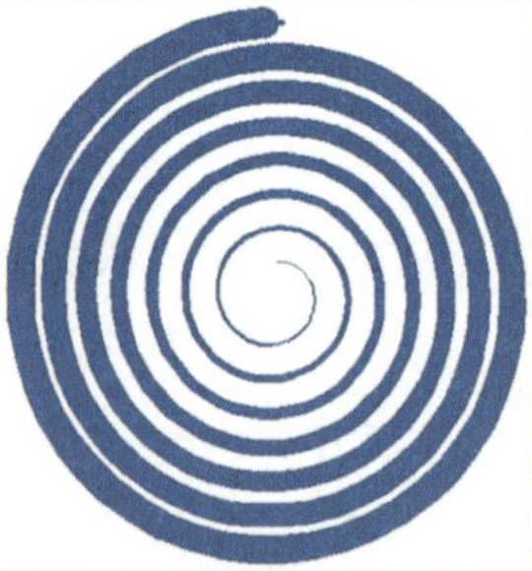

Auch die Farbe der Spirale kannst du allmählich verändern. Du kennst ja bereits die Anweisung `color(rot, grün, blau)`, mit der du die Farbanteile einer Farbe selbst bestimmen kannst (»rot«, »grün« und »blau« müssen mit drei Kommazahlen zwischen 0.0 und 1.0 belegt werden).

Hier kommt eine Funktion, bei der sich die Farbe der Spirale allmählich von Grün zu Rot ändert. In der `for`-Schleife ist beim ersten Durchlauf der Rotanteil 0 (nämlich `0/300`) und der Grünanteil 1 (nämlich `1 - 0/300`). Bei steigendem `i` erhöht sich dann der Rotanteil, und es sinkt der Grünanteil. Auf halbem Wege hat die Linie dann eine bräunliche Rot-Grün-Mischfarbe. (Der Blauanteil ist immer 0.)

```
def Spirale_von_grün_nach_rot():
    blau=0
    for i in range (300):
        rot = i/300
        grün = 1 - i/300
        color(rot, grün, blau)
        forward(3 + i/16)
        right(360/50)
```

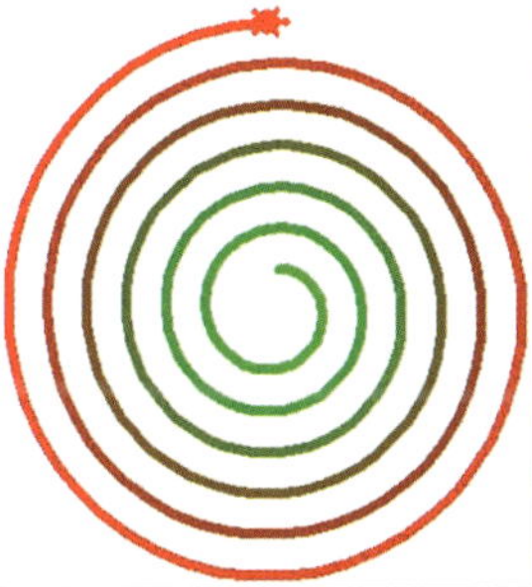

Du musst gut aufpassen, dass die Berechnungen der Farbanteile tatsächlich immer Kommazahlen zwischen 0.0 und 1.0 ergeben. Sonst gibt es eine Fehlermeldung.

Bekommst du das hin? Male eine Spirale, die immer dicker wird und deren Farbe sich von Rot über Lila nach Blau verändert.

Für die nächste Spirale verwenden wir noch einmal unsere Strudel-Funktion. Damit der Strudel richtig bunt wird, färben wir die Teilstrecken mit Zufallsfarben. Wir berechnen also die Rot-, Grün- und Blau-Anteile bei jedem Schleifendurchlauf nicht mithilfe unserer gleichmäßig wachsenden Variablen `i`, sondern wir rufen die `random()`-Anweisung auf, die uns eine zufällige Zahl zwischen 0.0 und 1.0 zurückgibt. Schau noch einmal in Kapitel 3 nach, wenn du dir nicht ganz sicher bist, wie das mit der random-Anweisung war.

Je eine Zufallszahl weisen wir den drei Farbvariablen `rot`, `grün` und `blau` zu. Wir erhalten also für jeden Schritt eine bunte Mischung nicht vorhersehbarer Farben. Jede Spirale, die bei einem Programmaufruf erzeugt wird, ist einzigartig. Beim nächsten Programmaufruf erhältst du wieder ganz andere Farben. Im Bild siehst du ein mögliches Ergebnis für einen bunten Strudel und die dazugehörige Funktion.

```
def Strudel_mit_Zufallsfarben():
    w=1
    for i in range (300):
        grün = random()
        rot = random()
        blau = random()
        color(rot, grün, blau)
        width(w+i/16)
        forward(3 + i/16)
        right(360/50)
```

Vergiss nicht, ganz oben im Spiralenprogramm die Zeile `from random import *` *hinzuzufügen, damit der Python-Interpreter die random-Anweisung auch findet.*

Unsere letzte Spirale in diesem Kapitel soll unserer Milchstraße ein bisschen ähnlich sehen. Wir setzen die Spirale nicht aus einfachen Geradeaus-Teilstrecken zusammen, sondern aus Sternen. Dazu rufen wir zusätzlich zu der `forward`-Anweisung unsere Fünfzackenstern-Funktion auf. Damit die Sternenspirale dem Milchstraßenfoto noch ähnlicher wird, malen wir vorher ein dunkelblaues Quadrat als nächtliches Himmelszelt in den Hintergrund.

Neben der Funktion für eine Spirale aus fünfzackigen Sternen siehst du unser Ergebnis. Die Sterne werden nach außen hin immer größer.

```
def Sternenspirale():
    # dunkelblaues Himmelsquadrat als Hintergrund
    setpos(-150,150)
    color("darkblue")
    begin_fill()
    Quadrat(400)
    end_fill()
    right(90)
    penup()
    # Gehe ins Innere des Himmelsquadrats
    forward(130)
    left(90)
    forward(210)
    # Male die Sternenspirale
    w=1
    for i in range(200):
        width(w+i/100)    # Strichdicke wächst mit i
        Fünfstern(6+i/16)# Zackenlänge wächst mit i
        penup()
        forward(10+i/16) # Spirale öffnet sich mit i
        pendown()
        right(360/50)
```

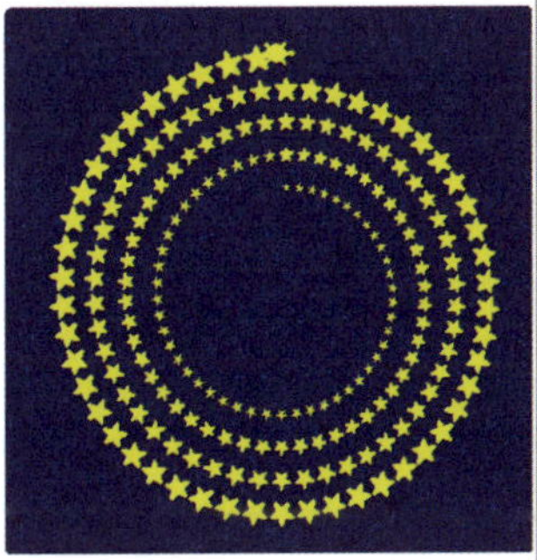

Kannst du nachverfolgen, wie die Schildkröte läuft, bevor sie den ersten Stern zeichnet? Wenn du dir nicht sicher bist, lass sie mit geringerer Geschwindigkeit laufen.

Bekommst du das hin? Verändere die Sternenspirale so, dass die Sterne unterschiedliche Farben haben. Rufe dafür statt der Funktion `Fünfstern(Zackenlänge)` eine neue Funktion `Fünfstern_bunt(Zackenlänge)` auf, die nicht die Anweisung `color("yellow")` enthält, sondern die Farbe zufällig aus Rot-, Grün- und Blau-Anteilen zusammensetzt.

Alle Spiralenfunktionen aus diesem Kapitel findest du in der Datei *Spiralen.py*.

Die Funktion `Sternenspirale()` *hat eine Besonderheit: In dieser Funktion benutzt du zwei andere Funktionen, nämlich* `Quadrat()` *und* `Fünfstern()`. *Profiprogrammierer nennen so etwas* verschachtelte Funktionen. *Wenn du klug vorgehst, kannst du sogar eine Funktion in derselben Funktion aufrufen. Wozu das gut sein soll und was du dabei beachten musst, erfährst du im nächsten Kapitel.*

In diesem Kapitel hast du Folgendes gelernt:

- wie du Sonnen, Monde und Sterne erzeugst
- wie du damit Flaggenbilder verzierst
- was Kreise von Spiralen unterscheidet
- wie du Strudel und bunte Spiralen erzeugst, indem du Zahlenwerte in der Schleife allmählich veränderst
- wie du eine Galaxie als Spirale aus (bunten) Sternen programmierst

KAPITEL 5 SCHACHTELFIGUREN

ES GIBT GEGENSTÄNDE UND BILDER, BEI DENEN KOMMT MAN, WENN MAN SIE BESCHREIBEN WILL, NICHT SO RICHTIG VON DER STELLE. Schau dir die Puppen auf den beiden Bildern an, sie kommen aus Russland und heißen Matrjoschka-Puppen (auf Deutsch »Mütterchen«). Solltest du jemandem, der die Bilder nicht sieht, erklären, was eine Matrjoschka-Puppe ist, dann könntest du zum Beispiel sagen: »Eine Matrjoschka-Puppe ist eine Puppe, die eine Puppe enthält, die eine Puppe enthält.« So weit okay. Aber es gibt auch Matrjoschka-Puppen, da sind mehr als 10 Puppen ineinander verschachtelt. Dann müsstest du mehr als 10-mal in einem Satz sagen: »Das ist eine Puppe, die eine Puppe enthält, die eine Puppe enthält, . . . , die eine Puppe enthält.« Da sagst du dann vielleicht lieber: »Eine *Matrjoschka-Puppe* ist eine Puppe, die eine etwas kleinere *Matrjoschka-Puppe* enthält«. So erklärst du den Begriff Matrjoschka-Puppe, indem du in der Erklärung den Begriff selbst wieder verwendest. Clever!

Aber stimmt das überhaupt? Wenn du genau darüber nachdenkst, dann ist die Erklärung für alle Puppen richtig, außer für die allerkleinste ganz innen. Denn die ist, korrekt betrachtet, keine Matrjoschka-Puppe, sondern einfach nur ein Holzpüppchen, das man nicht aufmachen kann.

SCHACHTELQUADRAT

Ein neues Beispiel: Unten siehst du ein Quadrat aus lauter ineinander geschachtelten Quadraten, nennen wir es also ein Schachtelquadrat. Die Beschreibung ähnelt der Beschreibung der Matrjoschka-Puppen: »Ein Schachtelquadrat ist ein Quadrat, das ein etwas kleineres Schachtelquadrat enthält.« Auch hier gilt: Aufgepasst beim kleinsten Quadrat, denn im kleinsten Quadrat ist gar nichts enthalten.

Anders als die Matrjoschka-Puppen kannst du ein Schachtelquadrat sehr einfach mit der Schildkröte zeichnen. In der Funktion dafür musst du Folgendes machen:

1. **Zeichne ein Quadrat (mit einem Parameter für die Seitenlänge).**

   Fange bei der linken oberen Ecke an und ende dort auch.

2. **Gehe auf die linke obere Ecke des nächstkleineren Quadrats.**

   Gehe zum Beispiel 10 Schritte nach rechts und 10 nach unten.

3. **Rufe wieder dieselbe Funktion wie in Schritt 1 auf, aber mit einem kleineren Wert für die Seitenlänge, um das nächstkleinere Quadrat zu zeichnen.**

4. **ABER AUFGEPASST: Wenn das kleinste Quadrat erreicht ist, dann darfst du Schritt 3 nicht mehr ausführen.**

Weil wir beim Programmieren alles immer ganz korrekt beschreiben müssen (denn Computer denken ja nicht mit), ist es enorm wichtig, das allerkleinste Quadrat extra zu behandeln, denn sonst endet unser Programm nie, weil die Funktion sich bis in alle Ewigkeit selbst aufruft. Für die Schritte 3 und 4 brauchen wir daher eine bedingte Anweisung.

Unten siehst du die Funktion für das Schachtelquadrat (Datei *Schachtelquadrat.py*). Die dort benutzte Funktion `Quadrat(Seitenlänge)` stellt zunächst die Farbe auf eine Zufallsfarbe, zeichnet dann ein Quadrat mit der angegebenen Seitenlänge und malt das Quadrat dann in der Zufallsfarbe aus. Das schaffst du bestimmt alleine. Die Funktion `Schachtelquadrat` rufst du am besten mit einer Seitenlänge von mehr als 200 Pixeln auf. Das nächstinnere Schachtelquadrat ist dann immer 20 Pixel kleiner als sein äußerer Nachbar. Das kleinste Quadrat soll eine Seitenlänge von höchstens 20 Pixeln haben.

```
def Schachtelquadrat(Seitenlänge):
  # 1. Male das aktuelle Quadrat
  Quadrat(Seitenlänge)
  # 2. Nimm Position für das nächstinnere Quadrat ein
  penup()
  forward(10)
  right(90)
  forward(10)
  left(90)
  pendown()
  # Enthält das aktuelle Quadrat noch weitere Schachtelquadrate?
  if Seitenlänge-20 > 20:
  # 3. Falls ja: Weitermachen mit nächstkleinerem Schachtelquadrat
    Schachtelquadrat(Seitenlänge - 20)
  # 4. Falls nicht: Aufhören mit einem einfachen Quadrat
  else:
    Quadrat(Seitenlänge - 20)
```

Bekommst du das hin? Passe die Schachtelquadrat-Funktion so an, dass sie auch Schachteldreiecke, Schachtelfünfecke, Schachtelkreise und Schachtelfünfsterne zeichnen kann. Bei unseren Versuchen liegt die nächstkleinere Figur manchmal nicht genau in der Mitte, was auch lustig aussieht. Die Lösungen sind in der Datei *Schachtelfiguren.py* enthalten.

Profiprogrammierer bezeichnen das Verfahren, dass Funktionen sich immer wieder selbst aufrufen, als Rekursion. *Auf Deutsch heißt das »Zurücklaufen«, weil man ja immer wieder an den Anfang der Funktion zurückkehrt. Aber wie du ja weißt, wird dieselbe Funktion jedes Mal mit veränderten Parametern aufgerufen (zum Beispiel mit der immer kleineren Größe der Puppe oder mit der immer kürzeren Seitenlänge des nächsten Quadrats). Nur so kann die Rekursion dann auch beendet werden.*

SCHACHBRETTVARIATIONEN

Es ist kaum zu glauben, wie viele Figuren mit rekursiven Funktionen erzeugt werden können. Schau dir zum Beispiel das Schachbrett an. Es hat 8 Reihen mit je 8 Feldern, die abwechselnd schwarz und weiß sind.

Du kannst eine Funktion, die ein Schachbrett malt, auf zwei verschiedene Arten programmieren:

» Mithilfe von zwei `for`-Schleifen: Eine `for`-Schleife malt 8 Felder in einer Reihe. Die andere `for`-Schleife malt 8 Reihen und benutzt für jede Reihe die 8-Felder-Schleife. Man nennt so ein Konstrukt auch *verschachtelte for-Schleife*.

» Mithilfe einer rekursiven Funktion: Du zerlegst dafür das Schachbrett in eine Art Ecke (die oberste Reihe und die Spalte ganz rechts; grün markiert) und ein kleineres Schachbrett (alle Felder, die nicht in der obersten Reihe oder in der rechten Spalte sind; rot markiert). In der Funktion malst du nur die Felderecke und rufst dann wieder für das kleinere Schachbrett die Schachbrett-Funktion auf. Ist das noch zu malende Schachbrett nur noch ein Feld groß (Schritt 7), wird die Funktion zum letzten Mal aufgerufen und die Rekursion endet. Bei einem 8 x 8-Schachbrett wird die Funktion also 8-mal aufgerufen.

Die Programme für beide Arten, ein Schachbrett zu programmieren (Schleifen und Rekursion), findest du in der Datei *Schachbrett.py*. Welche Variante gefällt dir besser? Verändere beide Varianten, um ein 12 x 12-Schachbrett in deiner Lieblingsfarbe zu malen.

Wenn du dir unsere Programme genauer anschauen willst, aber nicht immer weißt, was die Anweisungen bewirken, kannst du den Befehl hinten im Buch unter Wichtige Befehle *nachschlagen.*

DREIECKSGESCHICHTEN

Eine sehr schöne Figur, die nur aus Dreiecken besteht, ist das Sierpinski-Dreieck, benannt nach seinem Erfinder Wacław Sierpiński, der die Figur 1915 zum ersten Mal beschrieben hat.

Die Frage ist, wie man diese Figur am besten beschreibt. Die Grundform ist ein Dreieck, das immer wieder in kleinere Dreiecke zerlegt wird.

Machen wir uns das einmal klar an Sierpinski-Dreiecken mit unterschiedlich vielen Zerlegungen. Man nennt die Anzahl der Zerlegungen auch Rekursionstiefe (oder einfach »Level«).

» **Level 0**. Auf diesem Level ist das Dreieck überhaupt noch nicht zerlegt. Die Beschreibung lautet einfach nur: »Ein Sierpinski-Dreieck in Level 0 ist ein auf der Seite liegendes gleichseitiges Dreieck. Punkt.«

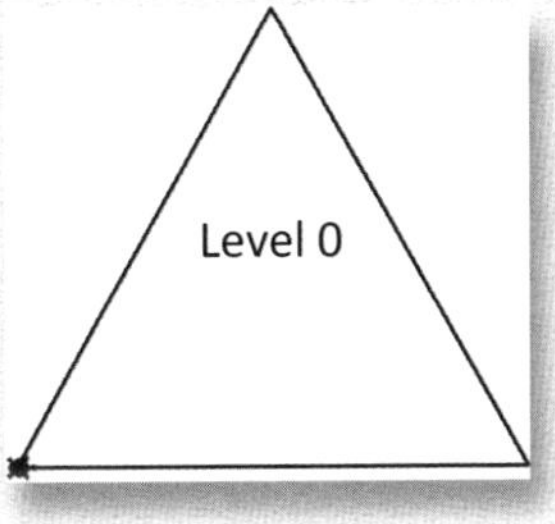

» **Level 1**. In diesem Level wird das äußere Dreieck einmal in drei innere auf der Seite liegende Dreiecke zerlegt. Die Beschreibung lautet: »Ein Sierpinski-Dreieck in Level 1 ist ein auf der Seite liegendes gleichseitiges Dreieck, das in seinen drei Spitzen je ein Dreieck mit halber Seitenlänge enthält.«

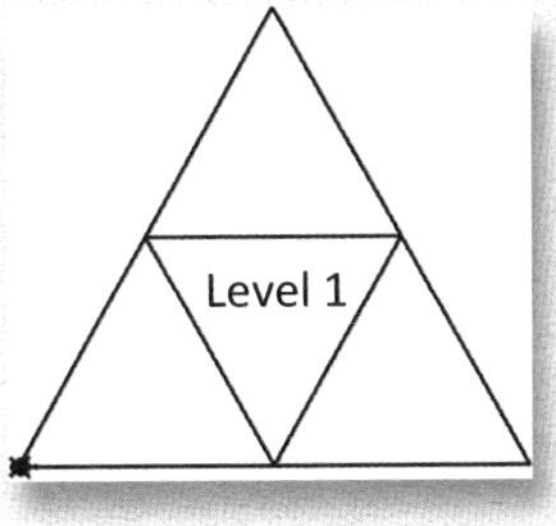

» **Level 2**. Die inneren Dreiecke werden weiter zerlegt. Wir müssen jetzt zwei Zerlegungsschritte beschreiben. Die Beschreibung wird damit noch länger. Sie lautet: »Ein Sierpinski-Dreieck in Level 2 ist ein auf der Seite liegendes gleichseitiges Dreieck, was in seinen drei Spitzen je ein Dreieck mit halber Seitenlänge enthält, welches in seinen drei Spitzen je ein Dreieck mit halber Seitenlänge enthält.«

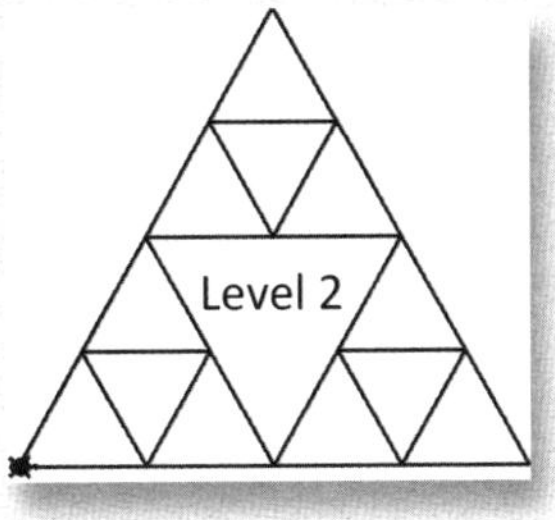

» **Level 3.** Ein Level schaffen wir noch: Wieder kommt die Zerlegung der bisher innersten Dreiecke dazu, insgesamt haben wir also drei Zerlegungsschritte. »Ein Sierpinski-Dreieck in Level 3 ist ein auf der Seite liegendes gleichseitiges Dreieck, was in seinen drei Spitzen je ein Dreieck mit halber Seitenlänge enthält, welches in seinen drei Spitzen je ein Dreieck mit halber Seitenlänge enthält, welches in seinen drei Spitzen je ein Dreieck mit halber Seitenlänge enthält«.

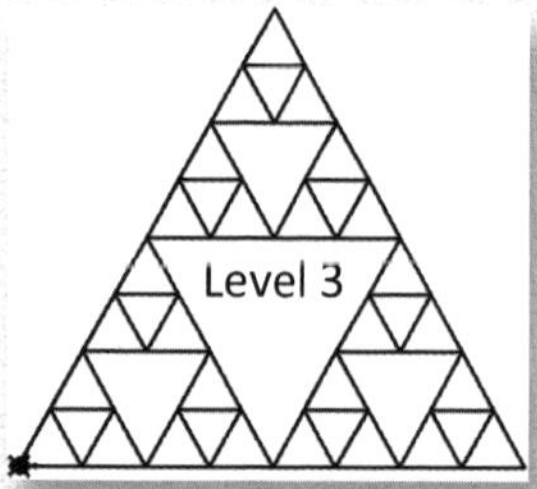

Langsam wird es mühsam. Aber das Prinzip ist klar und jetzt bekommen wir die vollständige rekursive Beschreibung hin, die für alle möglichen Rekursionstiefen (Anzahl an Zerlegungsschritten) gilt: »Ein Sierpinski-Dreieck ist ein auf der Seite liegendes gleichseitiges Dreieck, was in seinen drei Spitzen je ein weiteres Sierpinski-Dreieck mit halber Seitenlänge enthält.« So einfach ist das. Es fehlt nur noch das Rekursionsende: »Das allerkleinste Sierpinski-Dreieck ist ein einfaches Dreieck.«

Und genauso einfach wollen wir nun mit dir ein Sierpinski-Dreieck programmieren. Wie kannst du vorgehen? Beginne mit der Funktion `Sierpinski(Seitenlänge,RT)`:

1 Rufe dreimal (für jedes der in den Spitzen liegenden Dreiecke) die Funktion `Sierpinski` auf.

Vor jedem der drei Aufrufe positionierst du die Schildkröte in der linken unteren Ecke des neu zu zeichnenden Sierpinski-Dreiecks.

Der Wert für den Parameter `Seitenlänge` muss in den Spitzen-Dreiecken gerade gleich der »Hälfte der Seitenlänge des äußeren Dreiecks« sein.

Die Rekursion muss irgendwann enden: Verringere deshalb den Parameter `RT`, der die Rekursionstiefe angibt, beim Funktionsaufruf um eins.

2 **Wenn `RT = 0` ist, zeichnest du ein einzelnes Dreieck, anstatt die Funktion weiter aufzurufen.**

In der Datei *Sierpinsky.py* findest du den Programmcode der Sierpinski-Funktion. Rufe die Funktion zum Beispiel mit `Sierpinski(400,4)` auf. Probiere auch andere Rekursionstiefen aus.

```
def Sierpinski(Seitenlänge,RT):
    if RT > 0:
    # 1. Male drei Sierpinski-Dreiecke in die drei Ecken
        Sierpinski(Seitenlänge/2,RT-1) # erstes Dreieck links unten

        forward(Seitenlänge/2)         # gehe zu Mitte der unteren Seite

        Sierpinski(Seitenlänge/2,RT-1) # zweites Dreieck rechts unten

        backward(Seitenlänge/2)        # gehe zur Mitte der linken Seite
        left(60)
        forward(Seitenlänge/2)
        right(60)

        Sierpinski(Seitenlänge/2,RT-1) # drittes Dreieck oben

        left(60)                       # zurück auf Anfang links unten
        backward(Seitenlänge/2)
        right(60)
    else:
    # 2. Die Rekursion endet: Male nur noch ein einfaches Dreieck
        for i in range(0,3):
            forward(Seitenlänge)
            left(120)
```

Das große Bild des Sierpinski-Dreiecks zu Beginn des Abschnitts hat eine Rekursionstiefe von 6. Bei dieser Rekursionstiefe musst du schon eine ganze Weile warten, bis die Schildkröte fertig ist. Wenn du nachzählst, wie viele Dreiecke (die auf der Seite liegen) in jedem Level neu dazukommen, dann findest du eine schöne Regelmäßigkeit:

In Level 1 (RT = 1) sind es 3 neue Dreiecke,

in Level 2 kommen 3 · 3 = 9 Dreiecke dazu,

in Level 3 kommen 3 · 3 · 3 = 27 Dreiecke dazu,

in Level 4 kommen 3 · 3 · 3 · 3 = 81 Dreiecke hinzu,

und für die Anzahl der neuen (kleinsten) Dreiecke in Level 5 musst du fünfmal die Zahl 3 mit sich selbst multiplizieren.

Preisfrage: Wie viele Dreiecke kommen in Level 6 dazu? Tipp: Du kannst die Rechnerei auch rekursiv erledigen: In Level 6 kommen 3-mal so viele Dreiecke dazu wie in Level 5. Und in Level 5 kommen 3-mal so viele dazu wie in Level 4. Und so weiter . . . So nützlich ist Rekursion!

Bekommst du das hin? Nutze dein Wissen über Zufallsfarben und erzeuge bunte Sierpinski-Dreiecke.

BÄUME UND WÄLDER

Auch in der Natur kommen Gebilde vor, die aus immer kleineren Varianten von sich selbst bestehen. Ein typisches Beispiel ist ein Baum. Er beginnt unten mit einem Stamm, der sich nach oben zu einer Astgabel verzweigt, deren Enden sich nach oben zu Astgabeln verzweigen, deren Enden sich nach oben zu Astgabeln ... du ahnst, wie es weitergeht.

Hörst du es auch? Bäume schreien geradezu nach einer rekursiven Funktion. Mittlerweile hast du ja auch schon etwas Übung. Du gibst wieder eine Rekursionstiefe `RT` vor, die die Anzahl der Astgabelverzweigungen zählt. Nehmen wir an, jeder Ast gabelt sich nach oben in 2 Unteräste (wie ein Ypsilon Y). Du definierst folgende Funktion `Baum(Astlänge, Winkel, RT)`:

1. **Zeichne einen Stamm (eine Linie) von unten nach oben.**
2. **Rufe zweimal (für jeden Ast der Astgabelung) die Funktion `Baum` auf.**

   Die Äste sollten nach oben kürzer werden. Setze deshalb den Wert für den Parameter `Astlänge` bei den neuen Ästen zum Beispiel auf 8/10 der Astlänge des vorherigen Baums.

   Drehe vor dem ersten Aufruf der Funktion `Baum` die Schildkröte ein Stück nach links (Parameter `Winkel`), um den linken Ast der Astgabel zu zeichnen.

   Drehe vor dem zweiten Aufruf der Funktion `Baum` die Schildkröte um das Doppelte dieses Winkels zurück nach rechts, um den rechten Ast der Astgabel zu zeichnen.

   Vergiss nicht, beim Aufruf der Funktion `Baum` die Rekursionstiefe (Parameter `RT`) um eins zu verringern.
3. **Wenn `RT = 0` ist, zeichnest du nur noch eine einzige Astgabel, anstatt die Funktion weiter aufzurufen.**

In der Datei *Baum.py* findest du den Programmcode der Baum-Funktion. Rufe die Funktion zum Beispiel mit `Baum(20, 50, 4)` auf. Probiere verschiedene Winkel, Astlängen und Rekursionstiefen aus.

```
def Baum(Winkel, Astlänge, RT):
    # 1. Male einen Ast (den Stamm der Gabelung)
    forward(Astlänge)
    # 2. Male die Astgabelung: Rufe zweimal Baum auf
    if RT > 0:
        left(Winkel)
        Baum(Winkel, 0.8*Astlänge, RT-1) # linker Teil der Gabelung

        backward(0.8*Astlänge)

        right(Winkel*2)
        Baum(Winkel, 0.8*Astlänge, RT-1) # rechter Teil der Gabelung

        backward(0.8*Astlänge)
        left(Winkel)
    else:
   # 3. male die letzte Astgabelung an der Spitze
        left(Winkel)
        forward(0.8*Astlänge)
        backward(0.8*Astlänge)
        right(Winkel*2)
        forward(0.8*Astlänge)
        backward(0.8*Astlänge)
        left(Winkel)
```

Im Bild siehst du Bäume mit unterschiedlichen Rekursionstiefen, aber alle mit gleichen Winkeln und gleicher Astlänge. Es sieht aus wie in einer Baumschule mit jungen und alten Bäumen.

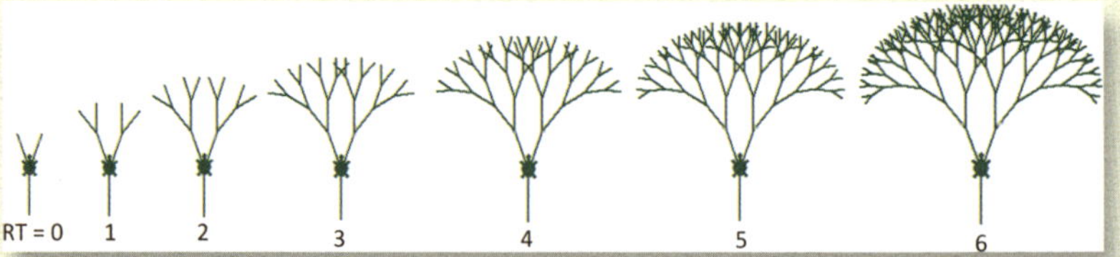

Die Bäume, die du mit der Baum-Funktion malen kannst, sind allerdings noch ein bisschen kahl. Es ist eine Baumschule im Winter.

Bekommst du das hin? Male an die Spitzen der letzten Astgabeln grüne Blätter. Dafür kannst du die Anweisung `dot(Dicke,Farbe)` benutzen. Damit hinterlässt die Schildkröte einen Klecks, dessen Dicke du als ersten Parameter in der Klammer angibst (kleinste Dicke = 1). Der zweite Parameter ist die Farbe, zum Beispiel `"darkgreen"`.

Natürlich darfst du die Kleckse auch andersfarbig ausmalen, dann sieht es so aus wie blühende Bäume im Frühling. Male mehrere solcher Bäume an verschiedenen Positionen. Die Lösung findest du in der Datei *Wald.py*.

ES SCHNEIT

Vom Frühling mit blühenden Bäumen begeben wir uns jetzt in den Winter. Dir ist bestimmt schon einmal aufgefallen, wie schön eine Schneeflocke von Nahem aussieht. Schneeflocken sind Eiskristalle. Alle Kristalle haben eine regelmäßige Form. Die Grundform ist ein Vieleck, zum Beispiel ein Dreieck oder Fünfeck. Hättest du eine Lupe und eine nicht-schmelzende Schneeflocke, so könntest du sehen, dass die Ränder der Schneeflocke nicht glatt sind, sondern Zacken nach außen oder nach innen haben. Wenn du dann in so eine Zacke hineinzoomst, siehst du, dass auch die Zacke wieder Zacken hat. Ahnst du es schon? Hier schreit es schon wieder nach einer rekursiven Funktion.

Wir schauen uns jetzt den Rand einer Schneeflocke genauer an. Von Weitem betrachtet (`RT = 0`) ist so ein Rand eine gerade Linie. Nun zoomst du einmal auf die Linie, das heißt, du gehst näher heran (`RT = 1`), und erkennst: Die Linie hat eine Zacke. Sie besteht eigentlich aus vier Linienstücken, die eine Spitze nach oben bilden. Zoome auf ein beliebiges dieser Linienstücke, aus denen die Zacke besteht (`RT = 2`) und du erkennst: Jedes dieser Linienstücke hat wieder eine Zacke und besteht eigentlich aus vier Linienstücken, die eine Spitze nach oben bilden. Wie es weitergeht, kannst du dir denken.

RT	**Spitze Zacke nach oben**	**Stumpfe Zacke nach unten**
0		
1		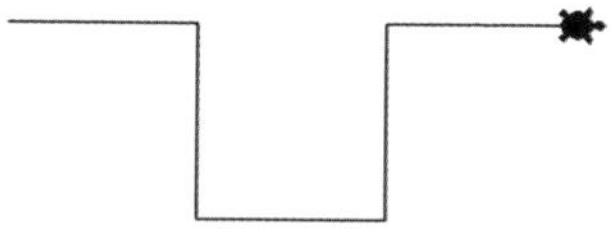
2		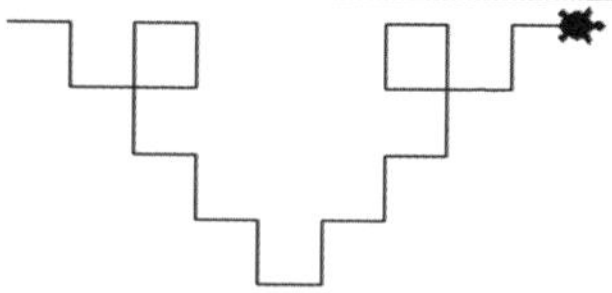
3	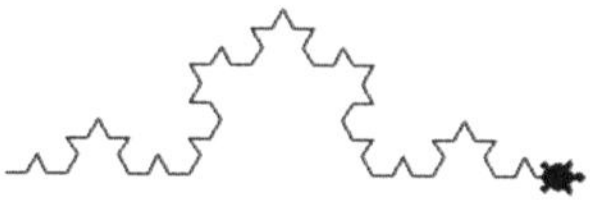	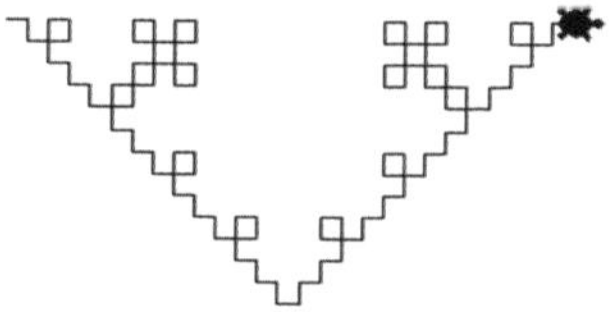
4	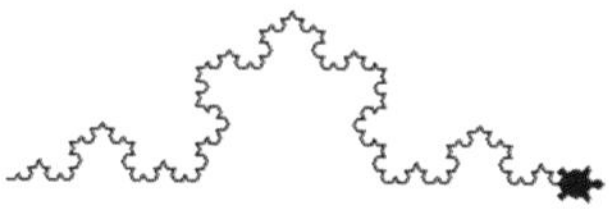	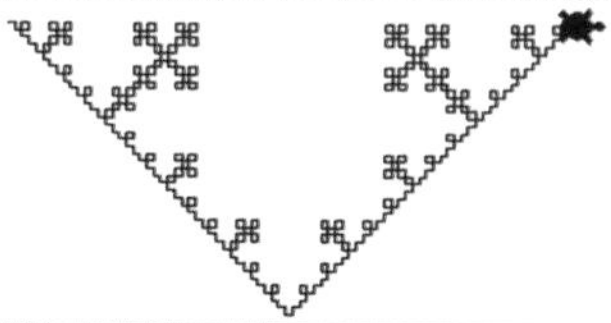

In jedem Level wird jede der bisherigen Linien wieder gezackt. In Level `RT = 4` siehst du, dass die vielen neuen Zacken dazu führen, dass das Gebilde eher runder und flockiger als spitzer wird.

Die rechte Spalte der Tabelle zeigt, was passiert, wenn die Linie nicht durch eine spitze Zacke nach oben ersetzt wird, sondern durch ein Rechteck nach unten, also eine Art stumpfer Zacke. Obwohl eigentlich nur Kleinigkeiten anders sind als bei der spitzen Zacke, sehen die Bilder komplett unterschiedlich aus – und unerwartet schön.

Programmiere nun die Bilder in der linken Tabellenspalte: In der rekursiven Funktion `SeiteSpitzNachOben(Schritte, RT)` machst du Folgendes:

1. **Rufe viermal (für jedes Linienstück) die Funktion `SeiteSpitzNachOben` auf.**

   Vor jedem der vier Aufrufe drehst du die Schildkröte in die richtige Richtung.

   Der Wert für den Parameter `Schritte` ist genau ein Drittel der Länge der zu unterteilenden Linie.

   Bei jedem Aufruf verringerst du die Rekursionstiefe `RT` um eins.

2. **Wenn `RT = 0` ist, zeichnest du nur noch eine gerade Linie, anstatt die Funktion weiter aufzurufen.**

In der Datei *Schneeflocke.py* ist der Programmcode für die Zacken-Funktion.

```
def SeiteSpitzNachOben(Schritte, RT):
    if RT > 0:
        # mache aus der Seite eine Spitze (mit 4 Seiten)
        SeiteSpitzNachOben(Schritte/3, RT-1)
        left(60)

        SeiteSpitzNachOben(Schritte/3, RT-1)
        right(120)

        SeiteSpitzNachOben(Schritte/3, RT-1)
        left(60)

        SeiteSpitzNachOben(Schritte/3, RT-1)

    else:
        # Male eine gerade Linie der Länge Schritte
        forward(Schritte)
```

Bekommst du das hin? Wandle die Funktion `SeiteSpitzNachOben` ab zu den Funktionen `SeiteSpitzNachUnten`, `SeiteStumpfNachOben` und `SeiteStumpfNachUnten`. Sieh dir Kurven an, die mit den neuen Funktionen gezeichnet wurden. Welche gefällt dir am besten?

Die Konstruktion in der linken Spalte unserer Tabelle heißt *Koch-Kurve*, denn sie wurde 1904 vom schwedischen Mathematiker Helge von Koch entdeckt. Damals wurde sie auch »Monster-Kurve« genannt.

Bisher haben wir uns nur Ränder von Schneeflocken angesehen, die sich beim Zoomen in wunderschöne Kurven verwandeln. Nun wollen wir diese Seitenränder zu Schneeflocken zusammensetzen, damit es endlich schneien kann.

Das Zusammensetzen ist gar nicht schwer. Du benutzt wieder die Vieleckfunktion (die du ja schon kennst). Es gibt nur einen Unterschied zu früher, als du gerade Vieleck-Seiten mit der `forward`-Anweisung gezeichnet hast: Du rufst stattdessen jetzt für jede Seite die rekursive Funktion auf, die jede Strecke durch spitze Zacken oder stumpfe Rechtecke ersetzt.

Hier ist die Flocken-Funktion, die die rekursive Funktion `SeiteSpitzNachOben` benutzt (Datei *Schneeflocke.py*):

```
def Flocke(Schritte, Ecken, RT):
    for i in ravnge(Ecken):
        right(360/Ecken)
        SeiteSpitzNachOben(Schritte, RT)
```

Und hier sind ein paar Ergebnisse: In der ersten Bilderreihe siehst du Flocken mit dreieckiger Grundform in verschiedenen Rekursionstiefen (diese Flocken nennt man auch »Koch'sche Schneeflocken«, weil sie die Koch-Kurve verwenden).

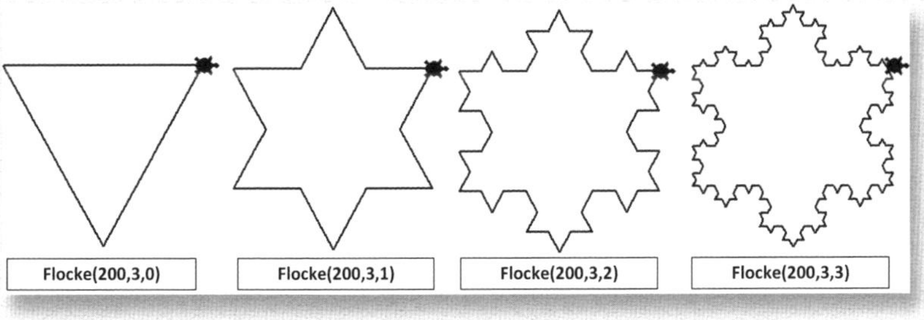

Den Flocken in der zweiten Bilderreihe liegt ein Quadrat zugrunde.

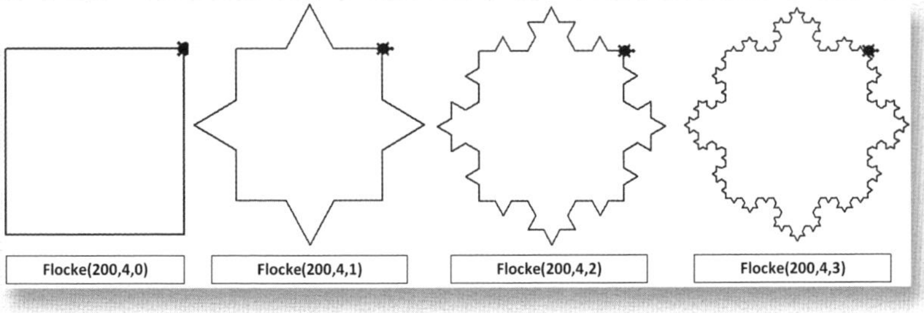

Bekommst du das hin? Zeichne mit Vielecken und den Funktionen `SeiteSpitzNachOben`, `SeiteSpitzNachUnten`, `SeiteStumpfNachOben` und `SeiteStumpfNachUnten` weitere Schneeflocken. Welche gefallen dir am besten?

Findest du heraus, wie unsere Lieblingsschneeflocke erzeugt wurde?

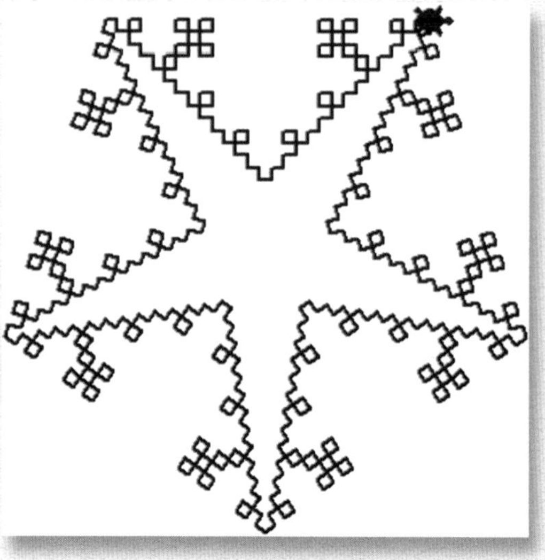

Alle Funktionen zum Malen von Schneeflocken findest du in der Datei *Schneeflocke.py*. Nun kannst du es ordentlich schneien lassen, so wie in unserem zauberhaften Winterwald (Datei *Winterwald.py*), für den die Positionen der Flocken mit Zufallszahlen generiert wurden.

Rätsel: Finde die Schildkröte im Schnee ☺.

In diesem Kapitel hast du Folgendes gelernt:

- was eine Schachtelfigur ist
- was »Rekursion« bedeutet
- wie du eine rekursive Funktion definierst
- wie du damit Schachbretter, Sierpinski-Dreiecke und Bäume programmierst
- wie eine Schneeflocke unterm Mikroskop aussieht
- wie du wunderschöne Schneeflocken mit Rekursion erzeugst

Nun hast du es bis zur letzten Seite dieses Buches geschafft und weißt, was Schildkröten alles können. Wir hoffen, dass dir das Buch gefällt und dass du jetzt Lust bekommen hast, noch viele tolle Bilder mit Schildkröten zu malen.

Viel Spaß!

WICHTIGE BEFEHLE

In dieser Liste zum Nachschlagen findest du alle Anweisungen für die Schildkröte, die wir im Buch und in unseren Programmen verwenden. Ganz knapp beschreiben wir immer, was die Befehle bewirken. Darüber hinaus haben wir noch ein paar weitere Befehle aufgenommen, die dir vielleicht nützlich sind.

Ein komplettes Handbuch für Python (allerdings nur auf Englisch) findest du, wenn du in der Python-Shell zuerst den Menüpunkt Help und dann Python Docs anklickst. Die Schildkröten-Befehle findest du dort unter *Library Reference* im Kapitel 24.1.

DER ALLERWICHTIGSTE BEFEHL ÜBERHAUPT

`from turtle import *` macht die Schildkröte bereit. Der Programmierer sagt dazu: Die Turtle-Funktionen werden importiert. Damit stehen dir alle notwendigen Funktionen zur Verfügung, um die Schildkröte zu steuern und vielfältige Bilder zu gestalten.

AUSSEHEN DER SCHILDKRÖTE

`shape(`*`Name`*`)` gibt der Schildkröte (eigentlich dem Pinsel) das gewünschte Aussehen.

Für *`Name`* setzt du eine der folgenden Formen ein: `"turtle"` (Schildkröte), `"arrow"` (dreieckige Pfeilspitze), `"circle"` (Kreis), `"square"` (Quadrat), `"triangle"` (Dreieck), `"classic"` (Pfeilspitze mit Einbuchtung).

`shape()` findet den Namen der aktuellen Schildkröten-Form heraus. Der Programmierer sagt dazu: Der Name der Schildkröten-Form wird ausgegeben.

`shapesize(Streckfaktor)` vergrößert die Schildkröte um den *`Streckfaktor`*. Die Breite der gezeichneten Linie bleibt unverändert.

Für *`Streckfaktor`* setzt du eine positive ganze Zahl ein: 1, 2, 3, 4, ...

`shapesize(StreckBreit, StreckLang)` vergrößert die Breite der Schildkröte um den Faktor *`StreckBreit`* und die Länge um den Faktor *`StreckLang`*. Die Breite der gezeichneten Linie bleibt unverändert.

Für *`StreckBreit`* und *`StreckLang`* setzt du eine positive ganze Zahl ein: 1, 2, 3, 4, ...

`shapesize(StreckBreit, StreckLang, Kontur)` vergrößert die Breite der Schildkröte um den Faktor *`StreckBreit`* und die Länge um den Faktor *`StreckLang`*. Setzt die Breite der gezeichneten Linie auf *`Kontur`*.

Für *`StreckBreit`*, *`StreckLang`* und *`Kontur`* setzt du eine positive ganze Zahl ein: 1, 2, 3, 4, ...

`shapesize()` findet die aktuelle Größe der Schildkröte heraus. Der Programmierer sagt dazu: gibt die aktuellen Größenwerte der Schildkröte aus.

BEWEGEN UND ZEICHNEN

`forward(Schritte)` bewegt die Schildkröte um *`Schritte`* (in Pixel) vorwärts in die Richtung, in die sie schaut.

Für *`Schritte`* setzt du eine Zahl ein.

Den Befehl kannst du auch abkürzen: **`fd(Schritte)`**.

`backward(Schritte)` bewegt die Schildkröte um *Schritte* (in Pixel) rückwärts, ohne sie zu drehen.

Für *Schritte* setzt du eine Zahl ein.

Den Befehl kannst du auch abkürzen: `bk(Schritte)` oder `back(Schritte)`.

`left(Winkel)` dreht die Schildkröte um *Winkel* (in Grad) nach links (gegen den Uhrzeigersinn).

Für *Winkel* setzt du eine Zahl ein.

Den Befehl kannst du auch abkürzen: `lt(Winkel)`.

`right(Winkel)` dreht die Schildkröte um *Winkel* (in Grad) nach rechts (mit dem Uhrzeigersinn).

Für *Winkel* setzt du eine Zahl ein.

Den Befehl kannst du auch abkürzen: `rt(Winkel)`.

`setx(x)` setzt die x-Koordinate der Schildkröte auf die Zahl *x*. Die Schildkröte bewegt sich zu der x-Koordinate. Die y-Koordinate bleibt unverändert. Wenn der Pinsel unten ist, bleibt eine Spur sichtbar.

Für *x* setzt du eine Zahl ein.

`xcor()` findet die aktuelle x-Koordinate der Schildkröte heraus. Der Programmierer sagt dazu: gibt die aktuelle x-Koordinate der Schildkröte als Zahl zurück.

`sety(y)` setzt die y-Koordinate der Schildkröte auf die Zahl *y*. Die Schildkröte bewegt sich zu der y-Koordinate. Die x-Koordinate bleibt unverändert. Wenn der Pinsel unten ist, bleibt eine Spur sichtbar.

Für *y* setzt du eine Zahl ein.

`ycor()` findet die aktuelle y-Koordinate der Schildkröte heraus. Der Programmierer sagt dazu: gibt die aktuelle y-Koordinate der Schildkröte als Zahl zurück.

`setposition(x, y)` setzt die Position der Schildkröte auf den Punkt (x,y). Die Schildkröte dreht sich dabei nicht. Wenn der Pinsel unten ist, bleibt eine Spur sichtbar.

Für *`x`* und *`y`* setzt du je eine Zahl ein.

Den Befehl kannst du auch abkürzen: **`setpos(x, y)`** oder anders schreiben: **`goto(x, y)`**

`position()` findet die aktuelle Position der Schildkröte heraus. Der Programmierer sagt dazu: gibt die aktuelle Position der Schildkröte in der Form (`x`, `y`) zurück.

Den Befehl kannst du auch abkürzen: **`pos()`**

`setheading(Winkel)` dreht die Schildkröte so, dass sie in Richtung von *`Winkel`* (in Grad) schaut.

Für *`Winkel`* setzt du eine Zahl ein.

Beispiele:

Ist *`Winkel`* gleich `0`, schaut die Schildkröte nach rechts.
Ist *`Winkel`* gleich `90`, schaut die Schildkröte nach oben.
Ist *`Winkel`* gleich `180`, schaut die Schildkröte nach links.
Ist *`Winkel`* gleich `270`, schaut die Schildkröte nach unten.

Den Befehl kannst du auch abkürzen: **`seth(Winkel)`**

`heading()` findet die aktuelle Ausrichtung der Schildkröte (in Grad) heraus. Der Programmierer sagt: gibt die aktuelle Ausrichtung der Schildkröte als Gradzahl zurück.

`home()` bewegt die Schildkröte zum Punkt (0,0) und dreht sie so, dass sie nach rechts schaut.

`speed(Geschw)` legt die Geschwindigkeit der Schildkröte fest.

Für *`Geschw`* setzt du eine positive ganze Zahl zwischen 0 und 10 ein: 0, 1, 2, . . . , 10. Je größer die Zahl, desto schneller ist die Schildkröte. Ausnahme: Am schnellsten ist die Schildkröte, wenn du die Zahl 0 einsetzt.

`speed()` findet die aktuelle Geschwindigkeit der Schildkröte heraus. Der Programmierer sagt: gibt die aktuelle Geschwindigkeit der Schildkröte aus.

`circle(`***`Radius`***`)` zeichnet einen Kreis mit dem angegebenen *`Radius`*. (Der Radius eines Kreises ist die Entfernung vom Kreismittelpunkt bis zum Kreisrand.)

Für *`Radius`* setzt du eine Zahl ein. Ist die Zahl > 0, zeichnet die Schildkröte den Kreis nach oben, das heißt, ihr Startpunkt ist unten auf dem Kreis. Ist die Zahl < 0, zeichnet die Schildkröte den Kreis nach unten, das heißt, ihr Startpunkt ist oben auf dem Kreis.

`circle(`***`Radius, Winkel`***`)` zeichnet einen Teil eines Kreises, einen Kreisbogen, mit dem angegebenen *`Radius`*. Der *`Winkel`* (in Grad) gibt an, welcher Teil des Kreises gezeichnet wird.

Für *`Radius`* und *`Winkel`* setzt du je eine Zahl ein.

Beispiele:

Ist *`Winkel`* gleich `90`, zeichnet die Schildkröte einen Viertelkreis.
Ist *`Winkel`* gleich `180`, zeichnet die Schildkröte einen halben Kreis.
Ist *`Winkel`* gleich `270`, zeichnet die Schildkröte einen Dreiviertelkreis.

`circle(`***`Radius, Winkel, Ecken`***`)` zeichnet den Teil eines Kreises, einen Kreisbogen, mit dem angegebenen *`Radius`*. Der *`Winkel`* (in Grad) gibt an, welcher Teil des Kreises gezeichnet wird. *`Ecken`* gibt an, aus wie vielen Ecken der Kreis (als Vieleck) berechnet wird.

Für *`Radius`*, *`Winkel`* und *`Ecken`* setzt du je eine Zahl ein.

`dot()` zeichnet einen dicken Punkt.

`dot(`*`Dicke`*`)` zeichnet einen Punkt mit einer bestimmten *`Dicke`*.

Für *`Dicke`* setzt du eine ganze Zahl ein, die größer oder gleich 1 ist: 1, 2, 3, 4, . . .

`dot(`*`Dicke, Farbe`*`)` zeichnet einen Punkt mit einer bestimmten *`Dicke`* und in der angegebenen *`Farbe`*.

Für *`Dicke`* setzt du eine ganze Zahl ein, die größer oder gleich 1 ist: 1, 2, 3, 4, . . .

Für *`Farbe`* setzt du einen Farbnamen ein, beispielsweise `dot(4, "red")` (roter Punkt), oder eine RGB-Farbe, beispielsweise `dot(4, (1,0,0))`.

`stamp()` erzeugt einen »Stempelabdruck« der Schildkröte an der aktuellen Position und merkt sich dafür eine *`Nummer`*. Der Programmierer sagt: gibt eine *`Nummer`* zurück.

`clearstamp(`*`Nummer`*`)` löscht den »Stempelabdruck« der Schildkröte mit der angegebenen *`Nummer`*.

Für *`Nummer`* setzt du den Rückgabewert eines `stamp()`-Aufrufs ein.

SICHTBARKEIT DER SCHILDKRÖTE

`hideturtle()` macht die Schildkröte unsichtbar.

Den Befehl kannst du auch abkürzen: **`ht()`**

`showturtle()` macht die Schildkröte sichtbar.

Den Befehl kannst du auch abkürzen: **`st()`**

isvisible() findet heraus, ob die Schildkröte sichtbar ist. Der Wert von `isvisible()` ist `True`, wenn die Schildkröte sichtbar ist, andernfalls `False`. Der Programmierer sagt: gibt `True` zurück, wenn die Schildkröte sichtbar ist, andernfalls `False`.

STEUERUNG DES PINSELS

penup() hebt den Pinsel hoch.

Den Befehl kannst du auch abkürzen: **pu()** oder **up()**

pendown() senkt den Pinsel nach unten auf das »Papier«.

Den Befehl kannst du auch abkürzen: **pd()** oder **down()**

isdown() findet heraus, ob der Pinsel oben oder unten ist. Der Wert von `isdown()` ist `True`, wenn der Pinsel unten ist, andernfalls `False`. Der Programmierer sagt: gibt `True` zurück, wenn der Pinsel unten ist, andernfalls `False`.

pensize(*Breite*) setzt die Pinselbreite auf *Breite*.

Für *Breite* setzt du eine Zahl ein.

Den Befehl kannst du auch anders schreiben:
width(Breite)

FARBEN UND FÄRBEN

pencolor(*Farbe*) setzt die Pinselfarbe auf *Farbe*.

Für *Farbe* setzt du einen Farbnamen ein, beispielsweise , beispielsweise `pencolor("red")` (rot), oder eine RGB-Farbe, beispielsweise `pencolor((1,0,0))`.

pencolor() findet die aktuelle Pinselfarbe heraus. Der Programmierer sagt: gibt die aktuelle Pinselfarbe zurück (als Wort oder RGB-Farbe).

`fillcolor(Farbe)` setzt die Füllfarbe auf *`Farbe`*.

Für *`Farbe`* setzt du einen Farbnamen ein, beispielsweise `fillcolor("red")` (rot), oder eine RGB-Farbe, beispielsweise `fillcolor((1,0,0))`.

`fillcolor()` findet die aktuelle Füllfarbe heraus. Der Programmierer sagt: gibt die aktuelle Füllfarbe zurück (als Wort oder RGB-Farbe).

`color(Farbe)` setzt die Pinselfarbe und die Füllfarbe auf *`Farbe`*.

Für *`Farbe`* setzt du einen Farbnamen ein, beispielsweise `color("red")` (rot), oder eine RGB-Farbe, beispielsweise `color((1,0,0))`.

`color()` findet die aktuelle Pinselfarbe und die aktuelle Füllfarbe heraus. Der Programmierer sagt: gibt die aktuelle Pinselfarbe und die aktuelle Füllfarbe zurück (als Wort oder RGB-Farbe).

`begin_fill()` zeigt an, dass nachfolgende Figuren gefüllt werden sollen.

`end_fill()` zeigt an, dass nachfolgende Figuren nicht mehr gefüllt werden sollen.

`filling()` findet heraus, ob Figuren zu diesem Zeitpunkt gefüllt werden sollen oder nicht. Der Programmierer sagt: gibt `True` zurück, wenn das Füllen mit `begin_fill()` begonnen, aber noch nicht abgeschlossen wurde; gibt sonst `False` zurück.

EIGENSCHAFTEN DES GRAFIKFENSTERS

`window_height()` findet heraus, wie hoch das Grafikfenster ist. Der Programmierer sagt: gibt die Höhe des Grafikfensters zurück.

`window_width()` findet heraus, wie breit das Grafikfenster ist. Der Programmierer sagt: gibt die Breite des Grafikfensters zurück.

`bgcolor(`*`Farbe`*`)` setzt die Hintergrundfarbe des Grafikfensters auf *`Farbe`*.

Für *`Farbe`* setzt du einen Farbnamen ein, beispielsweise `color("red")` (rot), oder eine RGB-Farbe, beispielsweise `color((1,0,0))`.

`bgcolor()` findet heraus, welche Hintergrundfarbe das Grafikfenster hat. Der Programmierer sagt: gibt die Hintergrundfarbe des Grafikfensters zurück.

`clear()` löscht alle Zeichnungen aus dem Grafikfenster. Die Schildkröte bleibt unverändert.

`reset()` löscht alle Zeichnungen aus dem Grafikfenster. Die Schildkröte wird an ihre Home-Position (0,0) versetzt.

`exitonclick()` sorgt dafür, dass das Grafikfenster durch einen Klick auf die Fensterfläche geschlossen werden kann.

ZUM WIEDERFINDEN

ÜBER DIE AUTORINNEN

Claudia Ermel liebt Knobelaufgaben. Seit sie programmieren kann, löst sie Rätsel und entwickelt Spiele am liebsten am Computer. Gemeinsam mit Studierenden der TU Berlin führt sie Jugendliche in Workshops im »dEIn-Labor« in die spannende Welt der Informatik ein.

Claudia verwendet Python, um Geburtstags- und Weihnachtskarten zu gestalten und um Schildkröten beim fleißigen Malen entspannt zuzusehen.

Olga Runge ist begeisterte Programmiererin mit vollem Einsatz. Sie gibt nicht auf, bis ihre Programme und Webseiten das tun, was sie tun sollen. Im dEIn-Labor sorgt sie dafür, dass die Computer für das Programmieren von Python-Schildkröten, Robotern und Apps immer bereit sind.

Olga programmiert mit Python schöne Bilder zum Ausmalen, die sie dann ihren Kindern und Enkeln schenken kann.

WIDMUNG

Wir widmen dieses Buch allen Python-Fans, die mit ihren Schildkröten-Bildern die Welt bunter, lustiger und schöner machen und damit zeigen, wie kreativ Programmieren ist.

DANKE

Wir bedanken uns bei allen, die sich bisher von unserer Freude beim Python-Programmieren anstecken ließen und uns mit ihren kreativen Ideen begeistert haben. Ein besonderer Dank gebührt unserem dEIn-Labor-Mitarbeiter Julian, der uns gezeigt hat, dass Länderflaggen und die Python-Schildkröte unbedingt zusammen gehören!